中国新零售
发展模式与竞争力评价研究

Research on the New Retail Development Model and
Competitiveness Evaluation in China

杨海丽　肖万根　向能　

西南财经大学出版社
Southwestern University of Finance & Economics Press
中国·成都

图书在版编目(CIP)数据

中国新零售发展模式与竞争力评价研究/ 杨海丽,肖万根,向能著 . —成都:西南财经大学出版社,2021. 7
ISBN 978-7-5504-4952-7

Ⅰ.①中… Ⅱ.①杨…②肖…③向… Ⅲ.①零售业—商业模式—研究—中国 Ⅳ.①F724. 2

中国版本图书馆 CIP 数据核字(2021)第 132159 号

中国新零售发展模式与竞争力评价研究

ZHONGGUO XINLINGSHOU FAZHAN MOSHI YU JINGZHENGLI PINGJIA YANJIU

杨海丽　肖万根　向能　著

责任编辑:李晓嵩
责任校对:杜显钰
封面设计:何东琳设计工作室
责任印制:朱曼丽

出版发行	西南财经大学出版社(四川省成都市光华村街55号)
网　　址	http://cbs. swufe. edu. cn
电子邮件	bookcj@ swufe. edu. cn
邮政编码	610074
电　　话	028-87353785
照　　排	四川胜翔数码印务设计有限公司
印　　刷	四川五洲彩印有限责任公司
成品尺寸	170mm×240mm
印　　张	14.75
字　　数	210 千字
版　　次	2021 年 7 月第 1 版
印　　次	2021 年 7 月第 1 次印刷
书　　号	ISBN 978-7-5504-4952-7
定　　价	98.00 元

前言

新零售时代已经到来，零售业迎来了新时代，商业新物种迎来了大爆发的时代。互联网和移动互联网与零售业的融合，为零售业的发展带来了新机遇，我们的日常生活发生了翻天覆地的变化。二十几年前，消费者要为买一件商品跑很远的路、排很长的队，甚至可能要看服务员的脸色；十几年前，消费者可以用电脑通过互联网，买到自己想要的所有商品，消费者寻找商品的时间更短了，检索成了购物的主要元素；几年前，消费者可以用手机通过移动互联网，比对全网，买到想买的最物美价廉的商品，实现了随时随地、随心所欲购物；现在，消费者可以线下体验、线上购买，随时在最近的实体店退货，新的模式为消费者提供了最好的体验、最大的便利和最新的商品。

20多年来，中国零售业经历了四次巨变，即单店时代、连锁现代业态店时代、电子商务爆发式增长时代、新零售时代，每次变化都伴随着新消费时代的到来，伴随着新技术在零售业的广泛应用。从实体店的变迁来看，曾经"不可一世"的沃尔玛每开一家店就形成"五公里的死亡圈",即每开一家店,其周围5 000米之内的其他零售企业均无法生存。2013年,沃尔玛开始关店,其他外资零售企业也开始大量关店,后来外资零售企业甚至陆续退出了中国市场。与此同时,从2009年开始的"双十一"购物节,2009年的交易额是0.5亿元,2010年的交易额是9.36亿元,2011年的交易额是52亿元,2020年的交易额是4 982亿元(联商网公开数据)。从电子商务的交易额来看,在我国经济下行压力不断增大的背景下,电子商务交易总额持续增长,呈现每年递增的态势,从2009年的3.85万亿元到2013年的10.2万亿元,年均增长率接近30%。2019年,电子商务交易总额为34.81万亿元(艾媒网数据)。2017年开始,线上线下的竞争关系向融合发展转型,线上与线下的相互带动作用越来越大,这些匪夷所思的变化在不断改变着零售环境和生态,零售业未来已来,新态势逐渐形成。

总体来看,零售未来的变化是"云"方向。一方面,零售终端从实体商品的陈列店,变为消费者来店的体验中心和消费数据的采集点,也是实现与消费者互动和交流的场所;另一方面,零售所依赖的供应链在"云"时代,转变为一个自组织的数据中心和超级资源平台(资源与数据可以在供应链上共享),将消费需求、零售商、中间商、制造商和原材料供应商的资源与数据进行整合,让消费需求和市场成为供应链的起点,提高了供应链的精准水平和效率,使其更好地对市场和消费需求变化做出快速反应,并能更好地挖掘消费需求,引导消费需求。

　　本书基于新背景，围绕零售业发生的一系列变化和现象，系统研究新零售，通过理论、实证和案例分析，解释新零售时代的快速异化零售现象和消费现象。本书共有八章内容：第一章绪论，主要分析新零售出现的背景和新零售发生的相关变革及发展趋势。第二章新零售领域的研究热点和演进趋势，运用相关计量软件对中国知网（CNKI）数据库文献和WOS数据库文献进行了计量分析，探索新零售领域的研究热点，为本书的研究提供研究基础。第三章中国新零售发展的历程、动因与特点，主要介绍新零售发展经历的过程、新零售出现的动因、新零售的现状和新零售的特点。第四章中国新零售商业模式研究，运用案例分析法，研究中国新零售的典型发展模式，包括基于价值链赋能的新零售商业模式、基于数据赋能的消费场景创新的新零售模式、基于会员营销的消费场景创新模式，向读者展示了中国新零售的主流模式。第五章中国新零售企业竞争力研究，主要评价新零售企业的竞争力，并对新零售业下的主流业态的竞争力进行比较，分析新零售不同业态的竞争力水平，为新零售企业未来的发展提出建议。第六章中国新零售上市公司线上线下经营效率比较研究，通过对新零售业上市公司线上线下经营效率的比较，得出线上线下融合发展是一种必然选择，"线上到线下"（O2O）模式是未来的主流模式的结论。第七章基于TAM模型的中国新零售运营模式的顾客接受度的实证研究，通过研究发现顾客对新零售模式的总体接受度较高，因此可以通过各类营销策略，引导顾客通过新零售业的新模式购物，提高顾客消费强度，提升顾客满意度。第八章新零售行业人力资源发展水平研究，主要介绍新零售行业的发展，人才是关键，对人才现状、存在的不足及未来如何解决进行了探索，希望通过本章的研究，为提高新零售行业的人力资源发展水平提出相应的建议和对策。

新零售是一个复杂的问题，可以从多个维度进行研究。本书是笔者对新零售的初探，由于笔者水平有限，对新零售的理解并不完全，研究还存在很多不足，在未来的学习和研究中还需要进一步提高，希望读者提出批评和建议。

杨海丽

2020 年 12 月

目录

第一章　绪论 / 001

一、研究背景 / 001

二、新零售的文献综述 / 004

三、新零售变革历程的研究 / 008

四、新零售发展的未来趋势：新零售未来简史 / 021

第二章　新零售领域的研究热点和演进趋势

　　　　——基于 CNKI 与 WOS 期刊文献的可视化分析 / 029

一、引言 / 029

二、新零售文献的基本特征 / 031

三、共引分析 / 033

四、新零售领域理论研究的演进路径 / 041

五、研究结论与展望 / 044

六、本章小结 / 047

第三章　中国新零售发展的历程、动因与特点 / 048

一、中国零售业的演变历程：传统零售→现代零售→新零售 / 048

二、中国新零售出现的动因 / 054

三、国内外新零售发展的现状研究 / 070

四、中国新零售发展的特点 / 080

五、本章小结 / 085

第四章　中国新零售商业模式研究 / 086

一、基于价值链赋能的中国新零售商业模式研究 / 087

二、基于数据赋能的消费场景创新的新零售模式研究 / 092

三、基于会员营销的消费场景创新模式研究 / 101

第五章　中国新零售企业竞争力研究 / 111

一、引言 / 111

二、中国新零售企业竞争力评价体系的构建 / 113

三、新零售企业竞争力评价方法的确定 / 130

四、中国新零售企业竞争力评价研究 / 137

五、竞争力形成机制分析 / 149

六、新零售企业竞争力提升的建议 / 153

第六章　中国新零售上市公司线上线下经营效率

比较研究 / 156

一、引言 / 156

二、文献回顾 / 157

三、实证研究 / 160

四、结论与建议 / 174

第七章　基于 TAM 模型的中国新零售运营模式的

顾客接受度的实证研究 / 178

一、引言 / 178

二、模型设定与研究假定 / 180

三、研究方法与数据处理 / 184

四、结论与建议 / 189

第八章　新零售行业人力资源发展水平研究 / 193

一、引言 / 193

二、新零售行业人力资源特征 / 196

三、新零售行业人力资源存在的问题研究 / 201

四、新零售行业人力资源发展水平影响因素及其路径研究 / 207

五、提升新零售行业人力资源发展水平的路径研究 / 212

参考文献 / 215

后记 / 225

第一章　绪论

一、研究背景

零售真的有新旧之分吗？零售有必要分成新零售与旧零售吗？新零售所强调的给顾客提供更好的产品和服务，优化顾客的购物体验，重构人、货、场……这难道不是零售的本质吗？电子商务、线上零售、直播带货、微商等是新零售吗？阿里巴巴集团对银泰商业、大润发和欧尚等实体零售企业的收购是介入新零售领域吗？智慧商店、无人商店、无人货架是真正的创新吗……这是零售业人员经常遇到的问题，也是消费者在消费过程中可能遇到的疑惑。回答这些问题，需要深入系统地研究新零售。

2008年以来，外资零售业受到了一系列的挑战和重挫。曾经的零售巨头沃尔玛、家乐福开始大规模关闭门店，并寻求与线上经营机构合作。2016年，沃尔玛在全球范围内关闭269家门店，裁员1.6万人，而仅在2017年上半年，沃尔玛又关闭16家门店。2018—2019年，沃尔玛继续关闭40多家店。截至2019年年底，沃尔玛在中国180多个城市拥有400多家商场（中国连锁经营协会网站数据）。沃尔玛在裁员关店的同时，与京东、腾讯等进行深度合作，业绩不断提升。百安居、欧尚、特易购等多家知名外资零售企业相继退出中国市场。2019年，家乐福（中国）以48亿元卖给苏宁易购80%的股份，麦德龙（中国）以149亿元的价格"卖身"物美集团。这两起本土零售企业并购外资零售巨头的案例，在2015年以前还十分罕见，但是近年来，外资零售企业在电子商务和新零售的冲击下，快速退出中国市场。在过去20多年中进入中国的19家外资零售巨头，有12家已经退出中国市场。与此同时，国内零售企业快速转型，线上线下联合兼并不断。2014年2月至2017年2月，阿里巴巴集团通过三次增持银泰商业的股份，完成对银泰商业的收购，最终成为银泰商业的控股方，而收购后的销售额和销售增速也印证了线上线下结合的效果。2014年，银泰商业的销售额为183.19亿元，与2013年相比降低了0.8%。2015—2019年，银泰商业的销售额分别为186.49亿元、197.32亿元、229.13亿元、299.09亿元、342.7亿元，销售增速分别为1.8%、5.8%、16.1%、30.5%、14.6%。尤其是在2017年完成全部收购后，银泰商业在2018年实现了30.5%的销售增速，线上线下齐发力，实现了快速发展。2014年8月，"腾百万"（腾讯、百度、万达）联姻，共同宣布出资50亿元成立万达电商；同年12月，万达与快钱公司在北京签署战略合作协议，获得快钱控股权，万达的线上业务及金融产业获取重要的支付平台，万达大步伐快速迈入O2O①领域。2015年，苏宁云商与阿里巴巴集团宣布战略合作，阿里巴巴集团投资283.4亿元参与苏宁云商的非公开发行，占发行后总股本的19.99%，成为苏宁云商的第二大股东。与此同时，苏宁云商以140亿元认购了不超过2 780万股的阿里巴巴集团新发行股份。2015年8月，京东出资43亿元购入永辉10%的股份。线上线下头部企业的不断联姻标志着中国零售业的线上线下时代开启，线上线下白热化竞争的局面逐渐结束，线上线下由相互对抗转为携手共赢。

2010—2020年，线下实体零售企业经营较为困难，传统实体门店大量关闭，经营业绩大幅下滑。以达芙妮为例，2012年发展高峰期，其门店数达到6 881家，而2020年，其门店数已不足300家。其中，仅仅2019年，达芙妮的门店总数就从2 820家收缩至425家，日均关店数达到6家。

---

① O2O是Online to Offline的缩写，即在线离线或线上到线下。

2010—2020 年，社会消费品零售总额是逐年递增的，平均增速为 10.2%，这说明消费者的购买并没有减少，而是呈现逐年递增的态势。这两组数据反映了一个悖论：在中国消费品零售总额逐年以两位数递增的市场环境下，80%以上的零售企业却感受到了来自新技术和新环境的压力，零售企业的经营面临着转型与退出的压力。

零售行业的共识是电子商务对实体零售业的冲击巨大。事实上，国内实体零售业的经营凸显了脆弱性，实体零售业的思维方式不再适应新消费群体的需要。在传统零售和现代零售时代，零售的本质是追逐最好的商品，关注商品的质量、包装、促销等，即产品思维，希望能给顾客提供最好的商品，而最好的商品是否符合顾客的需求，并不是关注的重点。在电子商务与线下实体零售业竞争的十余年里，价格竞争成了主流，各种低价促销铺天盖地，给消费者带来了混淆视听、难辨真假的感觉。在新零售时代，零售业给消费者提供极致的服务、满意的购买体验和"最好"的商品，主要体现在商品采购与生产上，即从消费者的需求出发，商品的开发以大数据为基础，充分研究消费需求。这是新零售经营的逻辑，也是新零售的本质。

是产品思维和用户思维推动新零售产生的吗？实际上也不是，产品思维和用户思维也有失灵的时候。2016 年以来，发生在零售业的革命性变化并非简单的思维方式的变化。在传统零售和现代零售阶段，尤其是现代零售阶段，用户思维已经出现，零售业开始关注消费者需求。但是受到对消费者信息收集的局限性，零售业对消费者需求的满足程度偏低。因此，新零售的出现，是零售业的结构性变革。从 2010—2020 年的社会消费品零售总额的增长变化来看，社会总消费者并没有减少，一部分零售企业亏损的事实，正好说明了另一部分企业获得了创新带来的红利，提供了迎合新消费需求的产品和服务。由于没有及时跟上新消费需求的变化，有一部分零售企业倍受冲击和挑战。

零售业为什么会发生结构性变革和革命性变化呢？这是由技术与文化冲击导致的。从零售业发展史角度来看，每一次零售业的革命性变化，均与技术创新有着密切的关系，都会伴随着一些新的商业模式的出现。从零售业发展方向来看，零售业一定是向效率更高的商业模式发展的。

新零售的出现就是线下实体店与线上零售共同作用下的产物。新零售是一种更加高效的零售，是在线上零售对线下零售的冲击下产生的。因为线下零售效率偏低，导致线上零售对线下零售的冲击加大，而新零售企业是社会消费品零售总额增长的主要贡献者，其挤占了低效零售的增量。无论是小米、阿里巴巴还是京东，其新零售均是用科技赋能，提升经营效率和顾客满意度。

二、新零售的文献综述

新零售也被称为全渠道零售或泛零售。传统零售模式和电子商务模式均有一定的缺陷，无法满足日益增长的消费需求。随着信息技术与零售业的深度融合，零售业模式开始发生转变，线上线下融合发展程度加深，新零售应运而生。新零售主要有三个特征：一是将线上线下和现代物流完美融合，二是以消费者体验为中心，三是把数字化技术作为根本驱动力。

（一）关于新零售概念的研究

随着我国消费的不断升级，传统电子商务模式开始遭遇增长的瓶颈，其固有的局限性日益凸显。由于不能给消费者提供产品或服务的真实购物体验场景、满足人们日益增长的品质化和体验式消费需求，线上购物体验始终无法与线下购物体验相媲美，成为阻碍电子商务持续发展的"硬伤"。在消费升级、技术升级以及产业升级的驱动下，以消费者为中心的泛零售形态，即新零售应运而生。自从 2016 年马云提出新零售概念以来，很多企业家和学者对新零售的热议与研究不断。刘强东认为，新零售的实质是无界零售，其终极目标在于重构零售的成本、效率和体验。鄢章华等（2017）强调，新零售从新业态、新人群、新品牌、新技术等维度出发，重构了人、货、场之间的关系，即以顾客为中心，通过线上与线下融合发展的模式，获取全方位数据，提升购物体验和零售效率。赵树梅等（2017）的研究表明，新零售打破了过去所有的边界，以一种全新的面貌与顾客接触，其核心是强化用户体验，主要模式有线上线下与物流结合实现商品与物流整合、提供更广范围内的体验式消费服务实现消费场景化等。杜睿云等（2017）指出，新零售是一种依托互联网，运用大数据、人工智能等技术手段，升级改造商品的生产、流通与销售等过程，对线上服务、线下体验以及现代物流进行深度融合的零售新模式。韩彩珍等（2018）深入分析了新零售的现状，认为新零售的最终形态是全链路零售，即实现线上线下资源全面整合，全链路打通，其体验式消费满足消费者多维个性化需求。王宝义（2019）从双维视角指出，新零售是以消费者为中心、基于全链路优化资源配置的综合零售业态，其演化形式上是围绕人、货、场核心要素重新组织的过程，本质上则是围绕成本、效率、体验进行优化升级的过程，即通过实现全新的线上线下融合的零售模式，形成多种产品与服务组合的流通网络，提升全方位的多样化购物体验。通过综合上述企业家和学者的研究成果，我们不难发现，新零售是以消费者体验为中心，以数字化技术作为根本驱动力，通过线上线下和高效物流的完美融合，重构了人、货、场，对成本、效率和体验进行优化升级的新型零售模式。

（二）关于新零售的线上线下供应链的研究

新零售的一个显著特点是线上线下融合发展，以全渠道的方式满足顾客任何时间、任何地点、任何方式购买的需求。新零售时代更加强调对渠道的整合，以保证更好地发挥各渠道在新零售中的作用。郭国庆等（2019）指出，新零售发展的外部动因是电商模式遭遇增长瓶颈，内部动因是线上线下融合发展的趋势不断增强，颠覆了以往线上线下分离的经营模式。贾康等（2017）通过分析认为，我国大型零售商线上线下融合发展是行业趋势。陈歆磊等（2017）扩大了线下实体店的概念，将线下实体店从原有的体验空间，扩大为为线上业务引流的端口。张建军等（2019）介绍了从全渠道产品发展成为全渠道供应链生态系统的演化过程，从人、货、场三个方面的资源重组与整合介绍了全渠道供应链，指出全渠道供应链整合了全渠道的客户需求、营销策略、数字资源、采购策略、零售终端和物流资源等。谭娟等（2013）认为，跨渠道整合存在供应链信息共享、顾客管理、营销组合要素协同和业务组织重构等几个方面的难题。张沛然（2017）将渠道整合维度分为渠道接入多元化、产品信息一致性、用户信息共享性以及流程整合性四个维度。翁鑫怡（2020）认为，全渠道整合总共有 7 个维度，即产品整合、价格整合、宣传整合、咨询获取整合、交易信息整合、订单履行整合以及顾客服务整合。渠道的整合程度越高，顾客对信息一致性的怀疑程度越小，越能够增加他们对零售商的信任，促进销量的提升。宋艳（2018）认为，做好零售商的渠道整合，不仅需要推进线上线下产品同价，还应该明确线上线下营销渠道定位以及优化物流配送体系。这主要是因为如果不能明确线上渠道和线下渠道各自的定位，就会导致各渠道之间的激烈竞争，引发渠道冲突。做好线上线下营销渠道的定位之后，可以充分发挥各渠道在零售中的作用，缓解渠道冲突。另外，传统的物流体系已经不适应全渠道阶段顾客的需求，因此需要优化物流配送体系，提高物流配送效率。黄岚等（2014）认为，做好线上线下渠道的定位之后，还应该使各渠道之间形成商品结构互补关系以及建立各渠道的利益分享机制。

（三）关于新零售需求下的现代物流的研究

要想实现新零售模式，必须以高效物流作为保障。郑其明等（2020）

指出，目前我国智慧物流存在基础设施落后、信息平台和信息标准滞后、社会监管和保障体系不健全等问题。唐飞泉等（2018）强调，我国物流业在模式、安全性、信息化等方面与发达国家存在较大差距。刘阳阳（2018）认为，我国智慧物流除了信息化水平较低之外，还存在供应链协同不足、逆向物流不完善等问题，应该基于数据平台构建物流生态圈、基于供应链重构优化物流流程、基于标准规范强化物流健康体系。王惜凡等（2020）以盒马鲜生为例，指出智能履约集单算法、智能店仓作业系统、智能配送调度、智能订货库存分配系统和自动化设备是智慧物流的实现途径。陈诗雨（2019）指出，在新零售背景下，为了推动智慧物流转型升级，需要提高互联网融合度、建设全渠道供应链、加快智慧仓储建设、建立标准物流信息平台等。在智慧物流领域，有学者构建了衡量物流能力的指标。例如，谢泗薪等（2019）从市场供给出发，以物流各个环节为概念指标，构建了生鲜冷链物流评价指标；姜盼等（2019）分别以主体、客体、载体为角度，研究了新零售企业的物流能力。

（四）关于新零售的消费体验的研究

关于新零售和消费体验的研究，学者们已经取得了比较丰硕的研究成果。罗倩等（2019）建立了基于消费体验的新零售消费贡献基本假设模型，其中顾客体验包括顾客体验内容、服务质量、平台口碑、营销策略、感知风险几个部分。苑卫卫（2020）认为，影响消费体验的因素主要有消费者预期、安全性、服务和感知价值等。史锦梅（2018）认为，新零售兴起的原因是为了能在任何时间、任何地点，让消费者的内心需求得到满足。同样地，穆杰（2020）指出，新零售行业的根本目的是快速、高水平地满足消费者的内在需求。闫星宇（2018）强调，新零售的发展和消费者偏好有关。杜睿云（2017）认为，新零售模式契合个性化、自主化、差异化的消费者心理，并为其带来更具吸引力的价值体验。朱春霞（2020）指出，要想提升消费体验，零售企业需要打通线上线下、打造现代智慧物流、提高店员综合素质、提供个性化服务、创新经营模式、引入高科技等。锁立赛等（2018）认为，新零售模式应该通过整合线上线下及其他资源，为消费者带来新的体验价值。此外，房晶等（2019）强调，只有深入研究新零售商业模式的内在逻辑、改变现有的零售路径、升级零售生态，才能不断满足消费者多样化的购物体验需求。

（五）文献评述

新零售是一种利用先进技术手段，运用心理学知识，对产品或服务的生产、流通、销售等环节进行转型升级，进而重塑零售业态结构，并将线上服务、线下体验以及现代物流完美融合的新型零售模式。新零售旨在最终形成全链路零售形态。新零售强调以消费者为中心，促进零售业从价格型消费向价值体验型消费转变，实现制造、运输、仓储等方面的服务升级，提升购物服务体验，满足消费者任何时候、任何地点、任何方式购买的需求，采取尽可能多的零售链路进行生鲜产品或服务的组合和整合销售，即可以通过任意子链路将产品或服务高效率送达消费者手中。

我们通过对现有文献的梳理发现，在新零售领域，学者们的研究重心主要在新零售内涵解读、消费体验等方面，有关新零售在其他行业中的具体应用、供应链管理等方面的文献数量较少，这说明我国学者目前在新零售领域主要专注于理论构建，在新零售的实际应用方面涉及较少。

三、新零售变革历程的研究

电子商务发展的这些年，经历了被实体店看不到、看不懂、看不起、惹不起、来不及的过程，电子商务与实体店之间激烈竞争的态势表现为从电子商务被消费者广泛接受以后，给实体店带来的明显且巨大的冲击。在社会各界不断讨论电子商务与实体店谁将代替谁的时候，新零售悄然而至。新零售概念的提出，让电子商务与实体店之间的关系从激烈竞争到互相牵手和融合发展，在新制造、新消费的刺激下，产生了零售新物种。同时，以新零售为基础的概念股，如天虹商场、百大集团等，近年来一直都是资本追逐的风口。新零售被广泛定义为以顾客体验为中心的数据驱动的泛零售形态。当然，也有不少业内人士对新零售不屑一顾，如娃哈哈集团的宗庆后表示新零售是毫无意义的东西，零售不能分新旧；格力电器的董明珠也表示新零售纯粹属于玩文字游戏；"百货女王"厉玲也多次表示不认同新零售。那么，新零售是什么？零售业发生了什么变革，才出现了新零售呢？

（一）传统电商与实体店时代的结束

1. 纯电子商务模式竞争力下降与纯电子商务时代的结束

2014—2016 年是电子商务变革最为激烈的年份，三年时间，倒闭和破产的相关企业层出不穷，如童装领域的绿盒子、跨境电商的蜜淘、生鲜电商的美味七七、零售饰品的神奇百货等。电子商务的竞争主要是价格的竞争，或者说电子商务的出现加剧了零售业的价格竞争，在一定程度上恶化了零售业的经营生态环境，制造了零售业的泡沫。大多数电子商务企业抗风险能力弱，依靠"烧钱"模式运行，其顾客流量不高与顾客流量不稳定并存，最终导致破产。

从外部环境来看，电子商务及互联网公司在 2000 年以来的发展策略是争夺入口流量及用户流量。2018 年以来，入口流量进入瓶颈期，或者说即将达到峰值，流量的增长空间有限。因此，线上零售业务和互联网公司已经开始进入开发用户时间的阶段，即无法增加入口流量，就通过各种手段来争夺更多的用户时间，同时提高用户的黏性。因此，电子商务和互联网发展初期所依赖的人口红利逐渐消失。

从发展格局来看，电子商务已经步入成熟期，甚至是衰退期。第一梯队的电商平台呈现垄断格局，竞争优势非常突出，市场份额稳定。这对于新进入者来说，相对提高了市场的准入门槛。电子商务市场成熟度高，竞争不断加剧，同时各种品类的垂直电商、跨境电商、农产品电商、社交平台电商、微商、网红电商、直播电商等缝隙市场不断发展完善，导致亚马逊、阿里巴巴、京东等大型电商的发展和增长触及天花板。

2. 传统实体店的衰落

在传统电子商务的颓势明显、发展出现瓶颈的同时，与电商竞争的传统实体店的发展困境更加明显，2012 年起关店潮不断。2019 年，苏宁集团关闭了传统实体店 1 757 家，而新开出了 222 家"云店"。美国在 2019 年关闭传统实体店 9 300 家，2020 年关闭传统实体店 12 000 家。关店潮反映了传统实体店的竞争力迅速下降。从中国连锁经营协会发布的数据来看，2019 年，"连锁百强"线上销售增长 28.7%，而传统实体店零售额的增幅是 9.2%，且一般均是有线上平台的大型零售商，如果没有线上零售的带动，传统实体店零售额总体会呈现负增长，因此传统实体店的竞争力较低。传统实体店的主要劣势表现在以下几个方面：经营理念落后，同质化竞争严重；多重成本攀升，加剧了经营负担；竞争与消费体验重视不够；盈利模式（"二房东" +压榨供应商模式）落后。

传统电商与实体店的经营均遇到了前所未有的发展困境，线上与线下竞争发展的局面导致双方受损，"价格战"最终导致各自的发展深陷泥潭，因此电商头部企业和实体头部企业开始牵手合作，新零售应运而生。

（二）新零售发生的重大变革

从新零售概念被提出后，其被众多学者和头部企业的领导者进行过多种解释，如刘强东和雷军均从自己的理解和见解出发解释了新零售的概念，虽然有些差异，但也有着非常多的相同点，即更加高效的零售、让顾客更满意的零售。赵树梅（2017）、杜睿云（2017）和王坤（2018）等人先后从不同角度解释了新零售，他们都认为，新零售是利用新技术驱动的零售，重构了人、场、货，用全渠道来更好地满足消费者的需求。

从已有的各种学术观点来看，新零售概念还在探索中，但是对新零售的界定已有比较一致的看法：新零售不是简单的O2O，新零售不是终端环节的C2B[①]，新零售也不是一种简单的业态创新，新零售是零售领域的综合变革。

1. 消费革命

新零售、新制造、新消费等带来的一场整体革命，是新零售产生的基础和源泉。在新零售时代，零售企业面临的是新生代消费者逐渐成为消费主力，消费进入4.0时代，消费者的驱动经历了从价格到品质到"格调"的变迁。

消费1.0时代，我国处于供不应求的时代，计划经济体制下的零售是生产的附属品，绝大多数商品采用配给制，各种票证是商品交换的媒介，消费属于一种被限制状态，因此属于被动消费。这一时期商品品种少、选择范围窄、消费需求得不到满足，零售渠道是以供销合作社为主的单一渠道，销售方式是柜台式销售。

消费2.0时代，随着国内生产力水平的提高，经济体制不断深度革新，人民可支配收入不断增长，产能迅速提高，供应能力增强。因此，单一的供销合作社模式已经不能满足消费者的需求。国外现代化的零售模式开始进入国内，大型综合超市、百货商场、专业店、专卖店、便利店不断出现，商品的品种、花色不断增加，零售业态不断多元化，供求逐渐平衡，基本的消费需求逐渐得到满足，消费者追求物美价廉的商品。

消费3.0时代，随着技术革命和生产力的进一步发展，商品生产开始出现一定程度的过剩，商品品种、品牌、功能等更加丰富，商业形态更加

---

① C2B 是 Customer to Business 的缩写，即消费者对企业。

多元化，消费者收入不断提高，消费者对商品的要求越来越高。消费者在购买商品的过程中，更加关注商品的服务和购买体验。会员数量增加与服务质量提高成为各大零售企业追求的目标，品质商品与服务是零售业的竞争要素。消费者放弃盲目追求商品价格，消费过程的选择更加丰富和多元化。

消费4.0时代，信息技术飞速发展，主流消费者快速转变，"80后""90后"以及"00后"逐渐成为消费者主力军，互联网在零售中的作用开始集聚，用户均是互联网的"原住民"，其知识丰富、受教育程度高、追求个性化等特征，决定了其在消费过程中的特殊性。消费者开始追求商品的附加价值。品质、差异性、个性化审美甚至人格的认同，成为消费者选择的主要参考要素和动因，甚至有些消费者产生购买行为不是为了商品的直接需求，而是为了某种特殊的目的。目标消费群体具有个性化、情感化和社交化的特征，其消费动机越来越复杂，甚至已经失去了购买标准化的产品的动力，定制化的产品成了他们的主要选择。《华丽志》杂志对"80后"和"90后"的时尚消费情况进行了全面调研，发现他们中90.3%的人对定制消费感兴趣。消费4.0时代，大众消费市场转向个性化，消费者从企业的"上帝"转变为企业的"家人"和"朋友"。

消费革命倒逼零售的变革，随着消费1.0时代至消费4.0时代的变化，零售业也经历了1.0至4.0的变革，各种业态和经营形式发生了根本变化，从供销合作社到多样化的商店，又到连锁业态店，如超市、专业店、专卖店、便利店等，再到电子商务，又到以O2O、全渠道为代表的新零售。业态形式的迭代不断加速，零售业态逐渐从以商品为中心转向以消费为中心。零售店成为消费者的一种生活方式，而不只是购物的场所。

2. 不断深化的渠道革命

终端渠道是商品流通的最后环节，又称为销售的"最后一公里"问题。终端渠道连接商品和消费者，是商品实现跳跃的关键环节。终端渠道变革推动了零售的变革，改变了零售业与消费者的关系。

伴随着经济的发展和科技的进步，零售渠道发生了五次重要的变革：百货商场→连锁商店→大型综合超市→购物中心→电子商务。在需求侧变革和供给侧变革的推动下，如今零售渠道进入了新一轮的革命——零售渠道的"云转型"，主要表现为"智慧零售"。例如，随处可见的各类自助零售终端、与消费者日常生活息息相关的超级电子商务平台、线上线下高度融合的O2O零售渠道。这些变革使终端渠道的附加值提升、功能提高、资源共享度提升。场景的不断变革，给终端渠道购物体验带来的深刻变革体现为终端场景更加人性化，体验感提升，如星巴克的第四空间消费场景；通过场景实施体验营销，引起消费者的感同身受，提升消费者的体验，如营销更具画面感，让商家和消费者之间的沟通更加亲近和流畅。茑屋书店的"书+X"模式重构了购物场景，其以书为核心，搭配影音、咖啡、特色餐饮、文创产品等，从细节入手，提供品质化、专业化、差异化的商品与服务。这一"混搭模式"颠覆了传统书店销售图书的理念，引领书店进入新零售时代。

渠道革命与其说是一场技术与渠道融合的革命，不如说是对消费者人性更全面、更深入的洞察和理解。新生代的消费者渴望自由，追求更多的人文关怀和个性张扬，在生活方式上更加追求便捷与不同。当然，终端渠道革命更加依赖于新技术的推动。

3. 快速迭代的技术革命

新技术与新零售、新金融、新制造、新消费等被马云称为"五新"战略，传统技术与互联网相结合后，产生了更多的革新，原来以个人电脑为主体的芯片革新为以移动终端为主体的芯片，传统的制造业加互联网和移动互联网革新为人工智能。新技术基于移动互联网、大数据、云计算，改变了各行各业及消费模式。新技术与零售业的结合促进了零售业的发展。

首先，大数据、云计算彻底改变了零售营销的模式，让营销更加精准。新科技的出现以及与零售业的深度融合提升了消费者的体验和经营效率，改变了消费者的消费场景。消费者的体验得到大幅度改善，如自助结账让消费者无需等待、无人超市给消费者一种被尊重和专业化的感觉、微信与支付宝等在线支付让消费者的支付实现随时随地和随心所欲。传统商店最大的发展障碍是对消费者的消费特征不了解，而新技术和线上零售彻底解决了这个难题。其更便捷的数据收集、更流畅的消费者习惯监控等，让消费者的喜好在数据中得到真实体现，进而可以实现精准营销及服务提供。零售业的革命是理念的变革，也是商业模式的颠覆，但是无论如何变革，其以消费者为中心的本质不能变。未来零售企业的竞争力不再是传统的价格、商品、营销等要素，而是对消费者的洞察力、引领力以及数据应用力。

其次，智能化商业的发展，让消费者体验极致化。人工智能在商业中的应用主要在于消费场景、消费特性等方面。零售业对新技术应用是最为敏感的，是采用新技术比较早的行业之一。零售业从 20 世纪 90 年代开始采用销售终端（POS）机、条形码、嵌入射频识别技术（RFID）等技术到采用快速应用互联网而形成的电子商务模式、微商模式和 O2O 模式，再到应用人工智能、大数据、云计算形成的商业智能、数据型零售和云商等模式，无论其模式如何变革，都是为了应用新技术更好地分析需求，更快地反馈信息，降低消费者所耗费的时间成本和零售企业的经营成本，提升消费者的购买满意度，提升消费者的购物体验。人工智能等新技术是零售业解决痛点问题的工具，进而也实现了行业业态的变革。

最后，新技术在零售业的应用主要体现为人工智能应用下形成的智慧门店。人工智能在零售供应链中的广泛应用彻底重构了供应链，人工智能对消费者的充分了解优化了对消费者的服务，人工智能成为零售业发展的超级大脑（销售分析、商品全方位分析、消费者分析、供应商分析与公司人员分析），虚拟现实（VR）技术的应用提升了消费者的远程购物体验。

总之，新零售是一场多维度革命，更是一场对人性的多维度、全方位的洞察和预判。当人性与技术革新融合后，就如同给人性插上了技术的翅膀，会产生新的需求与供给。因此，这是一场商业逻辑的创新与革命。在颠覆性消费革新、终端渠道引领下的渠道革命和技术革命的带动下，新零售产生了新业态，引领了新的零售革命。最有影响力的是盒马鲜生、超级物种、亚马逊与阿里巴巴的零售科技（无人门店、三只松鼠投食店、淘宝便利店等），它们创造了零售新物种。

（三）新零售的发展：生态与格局不断重建的过程

新零售是伴随着移动互联网与数字时代而到来的，2020 年是新零售发展的第四个年头，在实体店转型与关闭的博弈中，有实力的大型实体店争相通过各种途径转型，或者与实力相当的线上零售牵手合作，如银泰与阿里巴巴、京东与永辉、苏宁与腾讯等；观念落后与实力较差的实体店在不断关店的道路上艰难的寻求生存之道。2020 年出现了新一轮的关店潮和开店潮，盒马鲜生的开店速度达 20% 以上，而传统店铺迎来新一轮关店潮，特别是在社区团购和新型冠状病毒肺炎疫情（简称"新冠肺炎疫情"）的影响下，实体店关店加速。2017—2020 年，新零售在新环境和新竞争态势下取得了哪些进展？其未来的发展到底是机遇还是风险？这种模式对中国零售业是一种引导还是一种颠覆？

2020 年，新冠肺炎疫情、中美贸易争端以及第五代移动通信技术（5G）的快速布局，对中国零售业来说都是一个个重要的影响因素。经过十多年的消费转型与升级，在新形势下，消费升级与降级成了一个难以辨别的问题。"资本寒冬"不可避免的来临，数字经济对各行各业的影响不断加深，而对新零售的发展和变化，也有一些积极与消极的影响交织。

2019 年，盒马鲜生第一家新零售标杆店和永辉在上海五角广场万达的第一家超级物种店关闭；2019 年 4 月，美团小象生鲜江苏常州的三家店关闭；顺丰优选在全国范围内开始关店；京东七鲜（7fresh）暂停开店等事件给新零售发展带来极大的消极影响，新零售的发展有了"刹车"的迹象。

2019—2020 年，新零售的发展开始呈现出增长趋缓的态势。在高速增长之后，新零售发展开始进入新的阶段，呈现出新的态势。

1. 从激进到降速增长的转变

从新零售发展的时间轴来看，从 2016 年 10 月新零售概念被提出开始，新零售进入了快速增长期，盒马鲜生、亚马逊线下实体店（Amazon Go 无人零售店）、超级物种、京东七鲜等，纷纷布局新零售，新零售的各项投资明显增加，线上线下企业之间的合作程度不断加深。传统实体零售店转型成为行业内最紧迫的事情，而电子商务增长遭遇"瓶颈"问题与触碰"天花板"，这一现实促进了线上线下的融合发展。沃尔玛于 2016 年 6 月将 1 号店的主要资产全部出售给京东，并获得 5%的京东股权，与京东开展了在新零售方面的合作。2016 年 12 月 31 日，沃尔玛已经持有京东 A 股普通股票 24 亿股，占总额的 12.1%，占京东 A 类、B 类总股权的 10.1%。2016 年，沃尔玛取得了几年来最好的经营业绩。

2017 年被称为新零售发展的元年，是新零售快速发展的一年。从零售百强榜提供的数据资料来看，苏宁云商、国美电器、沃尔玛（中国）、永辉超市、步步高集团、银泰商业 6 家新零售企业销售规模为 6 415.9 亿元，同比增长 15.5%，占零售百强整体销售业绩的 10.5%。这一年，阿里巴巴、京东、腾讯等电商大型企业均开始快速与实体店联合，大胆转型，试图实现线上线下优势共享的渠道整合，重构零售行业的经营模式，彻底革新线上线下竞争的局面，探索线上线下无缝全渠道零售模式。超级物种、苏鲜生、缤果盒子等典型的新零售企业快速推出新型门店，大型新零售企业的领导效应越发明显，呈现出新的竞争格局，其平均增速达 20%以上。

2018 年，新零售企业之间的竞争越来越复杂，以新零售为名的各种店铺迅速增加，美团旗下的小象生鲜成立，顺丰"WOW 哇噢"全球精选店开业，新零售平均增速为 22%。

2019 年，新零售企业加大了人工智能、大数据等新兴技术的投入，使新零售企业发展更加迅猛的同时，业绩增长更快。同时，新零售也迎来关店潮和部分扩张过快的企业破产，新零售开始进入激烈竞争和快速淘汰期，其平均增速为 18%。从市场整体来看，新零售市场进入万亿级市场规模。

2020 年，新零售增速趋缓，平均增速为 15% 左右，无论是已有的盒马鲜生、超级物种等企业，还是新入市企业，增速普遍放缓。但同时，生鲜新零售和社区团购的增速较快（约 22%）。2020 年，新零售行业开始由高速增长走向低速增长，实现"理智增长"。

2. 黏合度与集中度高的新零售和分散的传统零售的较量与竞争

新零售发展的四年（2017—2020 年），是大型新零售企业不断垄断市场的四年，新零售的高水平体验，大大提升了消费者的满意度，提高了消费者对店铺的黏合度。同时，新零售是以阿里巴巴、京东、腾讯为首的头部企业逐渐提升市场集中度的零售行业。传统市场由于缺乏对消费需求的精准掌握，无法提供更好的产品和服务。传统零售行业的市场集中度偏低。2017—2020 年，新零售行业市场集中度不断提高，达到 40%，而传统的实体零售行业的市场集中度从未超过 15%。新零售与传统零售的较量，除了线上线下的经营模式不同，更多的是消费需求的较量、市场份额的竞争。传统实体零售行业的代表性企业在 2016 年新零售概念提出之后，也不断探索出路，加强技术的引入和革新，不断建设新渠道，多种渠道优势逐渐凸显，同时也在避免受到全新模式的出现带来的巨大影响和去中心化给传统板块带来的巨大威胁。

新零售企业背后是强大的资金支持，因此其得以不断加速扩张，在短期内大大提高了市场集中度。传统零售行业集中度低的特征，使得供应链效率难以提升，竞争激烈且市场秩序未形成，企业竞争力偏低。阿里巴巴、腾讯、京东等依托背后强大的资本实力，快速进入新零售市场后，引发了零售市场的革命，市场集中度迅速提高的同时，供应链的变革加速，提高了整体供应链的效率，零售市场的成熟度明显提高。

新零售与传统零售之间的竞争，表现为相互之间优势资源的整合与兼并。从科尔尼研究报告来看，阿里巴巴、腾讯、京东一方面开拓新业务，另一方面通过收购优质的线下实体店，构建线上线下互动的 O2O 新零售模式。阿里巴巴、腾讯、京东持有线下优质零售企业股份总额的 20%～30%。这种收购和兼并行为还在持续。通过这一举措，其快速提高市场集中度，促使新零售在传统零售板块的价值提升，巩固市场地位，引发整个零售市场价值体系和格局的深刻变化。

3. 生鲜零售业的竞争格局巨变

生鲜是新零售的重要市场，线上生鲜成了新零售企业必争的市场。如何在业务拓展上提升城市高净值消费者的体验感，是新零售步入生鲜领域最重要的思考。从盒马鲜生和超级物种试水生鲜新零售开始，生鲜如何提升消费者体验感，一直是一个热门问题。从 2017—2019 年从事新零售生鲜企业的经营数据来看，其探索是成功的。2020 年以来，受新冠肺炎疫情影响，线上生鲜迅速发展，加速了新零售生鲜业的创新与发展。生鲜新零售最关键的是线上线下的互动。

2018 年，拼多多的快速成长和崛起，证明了消费升级具有区域上的不平衡性。消费能力与消费观念的区域差异阻碍了很多电商平台和实体店通过单一模式复制来实现全国性的业务增长。因此，生鲜新零售更多关注消费能力与观念的区域差异带来的商品和体验的差异。

供应链不仅对于新零售的发展显得非常重要，而且也是决定生鲜新零售能否形成可持续发展模式的重要因素。供应链越长，管理的难度越大，成本越高，效率越低，因此缩短供应链是新零售必须面对的问题，更是生鲜供应链更好服务门店发展的必然选择。

简单来说，线上生鲜要想布好局，实现真正的价值提升，必须具有一个"好"的实体店与线上形成互动，同时还要加上高效率的、灵活的供应链，这是两个必要条件。目前来看，地理位置不够优越与长供应链是生鲜新零售尝试面临的最严峻的挑战。经营成功的新零售往往都采取根据不同区域和不同情况而开展本地化的"量身定做"的经营策略。电子商务企业如果不与本地零售商建立良好的合作关系，很难实现线下市场的拓展。以高鑫零售为例，阿里巴巴入股高鑫零售一年半，即 2018 年 3 月，上海与苏州的两家大润发门店与阿里巴巴旗下的淘鲜达一小时到家业务深度融合。2018 年年底，高鑫零售旗下所有的大润发门店和欧尚门店与淘鲜达实现融合发展。截至 2019 年 6 月底，B2C①业务开始发力，门店"一小时到家业务"良性发展，日均订单量快速增加，达 700 单，2019 年天猫"6·18"促销期间订单增加到每日 1 000 单。这一融合发展模式逐渐稳定成熟，提升了高鑫零售旗下实体店的竞争力，培育其竞争优势。高鑫零售成为新零售现代化渠道，其市场份额自 2018 年来每年稳步上升，2019 年市场份额约为 9%，排名第一，保持了领先优势。与此同时，高鑫零售在阿里巴巴的带动下，对 400 多家门店开展了数字化升级。通过数字化升级，实体店将成为阿里巴巴在二三线城市的数字化水平的主要展示渠道，并可以向更多的生鲜零售商提供数字化革命的技术支撑。

4. 线上与线下零售渠道优化选择的过程

新零售发展的四年，线上零售与线下零售渠道合作选择不断创新和改变，优胜劣汰过程明显，线下渠道的通道选择更加倾向于本地通道短的商品供应商。缩短供应链本身也是线上线下互动的目标之一。在实际运作的过程中，相关企业常常发现面临着供应链各节点的冲突带来的巨大挑战和

---

① B2C 是 Business to Consumer 的缩写，即商对客电子商务模式，也是直接面向消费者销售产品和服务的商业零售模式。

矛盾。供应链生态体系的重构对未来新零售发展、新零售生态结构有着本质的影响，新零售所倡导的理念需要健康、灵活、便捷、高效和准确的供应链配套。在工业品、消费品、农产品等方面，供应链的创新发展均依托人工智能、信息化、数字化。以消费者数据为基础重构的 B2B①，为线下渠道提供多样的可供挑选的商品，如零售通、京东新通路、掌合天下以及中商惠民等平台。从现有统计数据来看，截至 2020 年 11 月底，约有 720 多万家商店使用这种"新"平台提高自己的经营业绩。这种创新模式消除了多层级的中间商，高效率地实现了店铺与制造商品牌的联动，在一定程度上能够解决中国零售业采购效率与成本的问题。

在重构供应链及供应商与新零售商关系的基础上，也产生了新的问题。新零售的出现，希望结束传统零售不断以各式各样价格战为主的经营模式和促销模式，在不断缩短供应链的过程中，制造商与用户直接见面的机会增加了，这看似压缩了中间商带来的成本消耗，但是又产生了新的耗费和成本——渠道垄断和新型中间商的费用问题。换言之，平台越做越大，垄断能力提高后，出现了平台垄断带来的高昂费用，且平台做大之后，管理跟不上，效率开始下降，交货和退款的滞后越来越严重。

5. 数字与零售不断深度融合，零售生态系统不断改善

新零售快速发展的阶段，最大的变化是数字化程度的不断提高。新零售的发展历程中，零售业最热门的话题就是数字化。从新零售热门关键词检索来看，与新零售关系最紧密的是人工智能、云计算、大数据和数字化，还有体验。2016—2017 年是数字化与零售业从分割到融合的阶段，是线上和线下从互相撕裂与价格战到互相支持的阶段。从相关数据来看，2017 年以前，零售业的数字化水平仅不足 10%，线上线下融合程度低。2017—2018 年，零售业的数字化水平迅速提高，达到 35%，且在 70% 的业态中可以观测到数字融合所带来的作用，数字化为线上线下融合提供了基

---

① B2B 是 Business to Business 的缩写，即企业对企业。

础和保障。零售业向新零售的转型，几乎都伴随着数字化和内部结构的重组。这些模式改变了零售业的生态系统，使之能够更好地挖掘消费者的价值。智慧商店和数字化产生的反向研究价值不断促进更多的新零售企业转型升级，使之更加专注于数字在零售业的价值，并能让数字在全渠道中提升消费者的消费体验。

数字与零售业的融合，加速了商品品牌化的改造，带动了供应链上各环节的数字化进程，如上游的供应商、下游的消费者；同时，其促使多种新零售模式的出现，如2018—2019年新零售最热门的词语是"下沉市场""私域流量""数字零售""盒马村""直播带货""刷脸支付""社区商圈"等。这些都是数字与零售业深度融合的现象之一。各种传统板块均在迅速裂变，改变了零售业整体体系，生态系统得到不断优化和改变。消费升级和消费降级并行，农村新零售体量增长迅猛。新零售与新制造、新消费、新金融通过数字化深度融合，不断健全生态链，互相促进发展。

四、新零售发展的未来趋势：新零售未来简史

2017—2020年，新零售经历了四年的发展，在展现出强大的生命力和发展空间的同时，也出现了一系列问题，甚至出现了较多反对新零售的声音。新零售有了很多的探索成果和研究成果，整合行业的数字特征越来越明显，数字化程度不断提升，新零售从前端的店面体验感，转向了供应链后端能力的培育和研究。从未来发展来看，新零售发展的趋势表现为以下六个方面：

（一）数字化转型会持续加快

新零售被称为第四次零售革命的产物，其主要特征是实现了互联网时代的数字化。从已经实现的数字化中可以看到，零售企业通过数字化能够

掌握消费者选购了什么商品、经常选购什么商品、在网站上停留了多长时间等。对于实体店来说，其目前能够掌握的消费者的信息十分有限。因此，商家无法在实体店完全获得消费者来的具体时间、是否推车或拿购物篮、是否喜欢试吃试用、是否经常有放入购物篮后又放弃购买的现象等信息。

在线上，数字技术的应用更为充分，因此商家掌握消费者的数据更全面。商家能够通过互联网来采集消费者的消费信息，更好地跟踪消费者。从消费者的购物位置到社交网络，从消费者购物前的比价到购物过程中的各种选择再到购物后的评价与体验、"买家秀"等，消费者在购买前、购买中和购买后的所有信息都可以转化为数据信息，作为商家的信息宝藏。

未来，新零售的发展将是基于线下零售的数字化转型，即基于数字化的精准化，构建线下零售的数字化框架，提高线下实体零售的数字化能力。当消费者进店后，商家通过摄像头来识别消费者的身份，跟踪消费者的购买动线，直到消费者完成整个购买过程到终端结账，这些信息都会被完整地记录下来，并进行处理，商家可以充分了解消费者的购买过程，分析消费者的购买习惯。具体来说，当消费者刚刚走进门店时，摄像头就能判断消费者的基本信息，如是否为重要客户、消费者的购买习惯、消费者的家庭状况和身体状况等，并开始跟踪消费者在门店的动线轨迹。当消费者多次在某商品前停留关注甚至试吃试穿却没有购买，交互设备应该提醒消费者这件商品可以给予的折扣和优惠条件，帮助消费者下定决心。当某类商品的消费者停留时间缩短，或者消费者光顾的机会减少时，交互设备应该提醒商家该区域或货架陈列存在问题，建议重新调整商品或陈列顺序。未来，线下实体店将会向数据化方向改造，即收集线下商店源源不断产生覆盖所有进店消费者在店内所有行为的数字化信息，并加以分析和使用。例如，阿迪达斯的虚拟鞋墙可以将所有商品全部以虚拟形式展示出来，增加消费者的选择机会，减少消费者在网站不断翻页查看商品的麻烦，让消费者进店后能一目了然地看到全部商品，商品的款式对比度提高，销售的场景式体验感增强，从而扩大销售。

（二）供应链更加高效，迎来新型零供关系

2000 年之后，我国的供应链发展进入了信息时代，社会生产力快速发展，商品生产更加丰富乃至供大于求，卖方市场转向买方市场。消费者的消费观念不断转变，更加追求消费品质。因此，专卖店、超级市场、百货商场、购物中心等新业态大量出现，从而满足消费者多元化和不断升级的品质消费需求。供应链也随之改变，主要是转变为基于需求信息的供应链。实现"以需定产"是供应链的主要目标。新零售时代，供应链的中心是消费者为主导的平台型供应链，以创造客户价值为核心，构建生产、零售、物流等高效协同及资源共享的互利共赢生态体系。未来的消费变得异常复杂，消费升级与消费降级交叉存在，消费升级让需求更加复杂、多元，且迭代速度加快，个性化消费和定制化消费会成为消费的主力，市场会无限细分。未来供应链的整合是一种趋势，各个主体之间趋于协作、融合，即通过新的商业逻辑，将各个主体连接在一起，交换频次会不断提高，最后形成频次极高的平台经济。数据实现"热备份"，实时上传云端，并通过计算在供应商、零售商等主体之间准确发送"指令"，每个参与交易的主体，就是一朵"云"，产需及时对接，以需定产，需求是供应链的起点。未来，供应链将成为"云供应链"。

新零售不仅意味着改变渠道模式，更重要的是它对零售行业的基本竞争模式产生了重大影响，产品和品牌变得比以往任何时候都更加重要。

"以消费者为中心"已不仅仅是一个口号，而是一种渗透在商业各个业务领域和环节发展的本质化动力。

（三）新零售将引领新消费习惯、重塑商业形态和重建生态体系

新零售模式将通过与消费者的各种沟通，重塑消费者的消费习惯，主

要包括场景式的全渠道从过去单一的形式，向多元化、复杂化和丰富化转变。消费者在读书、看视频、听歌时，可通过点击链接购买书籍、视频中涉及的产品。消费者可以通过O2O模式，在线下体验线上下单或线上下单线下提货等。消费者时间的碎片化决定其消费的碎片化，随时随地只要有信号、有智能设备就能进行购物。以消费者为中心的会员、支付、库存、服务等方面的数据全面打通，大数据云平台与线下线上商店的联合将为消费者带来无缝对接的跨渠道消费。

新零售可以通过多方面重塑商业形态，主要包括：第一，引入"黑科技"的应用。商品展示方式多元化，如图片加文字、网红加直播视频、虚拟现实技术加人工直播技术、线上加线下融合宣传，让消费者更充分地接触和了解商品。第二，高效的商业流通模式。新零售模式下的商业逻辑和商业形态被重构，长渠道随着新技术的广泛应用而越来越短，生产者与消费者直接见面的机会越来越多。大数据可以更方便厂家充分及时地了解消费需求，更高效地满足消费者需求。第三，重构商业运行模式。由传统商业到电商时代再到O2O时代，未来的全渠道模式将趋于成熟，各通道之间资源共享程度不断提高。

为了顺应高端化、个性化和体验消费需求的不断成熟，消费者不断追求便利性、社交化的消费方式，新零售将不断改变生态体系。第一，商品供给的生态化。为了满足消费者从单一到复杂、从低级到高级的商品需求，零售商不断调整自己的经营策略，不断调整商品采购体系和商品采购模式。第二，零售业态生态化。零售业态在新零售理念的推动下，不断创新，如盒马鲜生混搭式的业态及新型百货、购物中心等业态，且形成新的业态体系。第三，商业环境生态化。新零售及其供应链等各类变化，均对商业环境生态产生影响，聚合物流、金融、信息、咨询、品牌，形成新的竞合关系，即新的商业生态系统，也是效率越来越高的生态系统。

未来，新零售将会是零售新物种大爆发的时代，会出现很多新业态和千店千面的场景化个性消费，零售终端将会全面升级。大数据时代经销商必须转型，零售业的集中度会快速提高，零售业发展的商圈会不断异化。新零售是新一代的零售，是不断创新的零售形态，更是不断升级的零售形态。

（四）供给侧变革主导新零售发展方向

传统零售渠道的构建是基于"推"式思想，以产品销售为核心，通过多级销售体系将产品销售出去，尤其依赖销售渠道，展现出"渠道为王"的特征。电子商务缩短了传统零售的多级渠道，提高了零售效率，降低了零售成本，缓解了信息不对称，同时有效开发利用消费者数据，由生产端主导的"推"式向销售端驱动的"拉"式转变，但本质上还是生产主导模式。新零售旨在连通线上线下，实现两者的协同，一方面连通线上线下数据，构筑闭环信息系统；另一方面挖掘线上线下一体的购物、娱乐、社交功能的满足和便利化趋势，使消费者超强的消费主导力与零售商的数据驱动预测（服务）力有效结合，驱动生产变革呈现及时化、定制化、柔性化生产特征，由此也将真正实现以消费者为主导。在线上线下割裂的状态下，新零售的主要任务是连通线上线下，对于存量资源可以通过线上线下战略合作，促进线下的互联网化，使其实现与线上的融合；对于增量资源可以通过孵化新物种或融合新业态实现模式的塑造，如盒马鲜生的全新业态等。在线上线下完成连通后，新零售将进入下半场。新零售以消费者为核心，要为消费者提供尽可能多的便利，满足多维需求，表面上依赖零售渠道的构建和服务的提升，本质上则依赖产品的生产和高效的供给，因此从供给侧视角协同满足消费者需求是根本趋势，这也成为新零售的下半场的主要任务。中国面临的现实情况使得新零售的下半场既面临机遇又面临挑战。一方面，较之于需求端，供给端的势力更为分散，如新零售颇为关注的生鲜品类，其生产群体分散、产品的"信任品"特征明显且存在较强的信息不对称问题等，这使得新零售供给端的整合存在较大的困难；另一方面，中国早已进入买方市场时代，同时供应商（制造商）集中度相对较低、竞争激烈，零售商掌握更大的话语权，因此由核心零售企业主导供给端和全链化整合具有更强的优势。例如，2019年，阿里巴巴宣布推出新的商业操作系统，通过品牌、商品、销售、营销、渠道管理、服务、资金、物流供应链、制造、组织、信息管理11个商业要素运行方式的改革，助力企业商业要素的数字化整合，对供给端和全链化整合起到重要作用。

（五）行业内部与外部整合趋势进一步发展

新零售生而不凡，自诞生之日起就被寄予厚望，被视作未来十年乃至二十年的风口。资本、技术、用户三重驱动，阿里巴巴、京东、苏宁、腾讯等巨头强势介入，使新零售在短时期内获得爆发式增长，这一点无论是从"盒马型"新物种的爆发，还是从京东"新通路"与阿里巴巴"零售通"的对标，天猫小店、京东小店、苏宁小店等小店战略中均可看出。但必须警惕的是，一个行业的风口短时期内往往会迎来大量的入局者，而资本的过度推动又会助推其"泡沫化"发展，从而使得一个具有良好发展前景的新兴产业经历大起大落的"病态"发展。新零售经历了"跑马圈地"的扩张和模式的探索过程，入局者竞争态势和主导权逐渐清晰，未来行业内外的整合趋势将进一步加剧。

整合将反映在企业现有资源的改造与整合、企业间资源的整合两个方面。从企业现有资源的改造与整合来看，一方面，新零售的突出表现是零售业态的大融合，在经历"跑马圈地"的扩张之后，如何有效整合零售资源是摆在零售企业面前的重要问题。以阿里巴巴为例，其新零售战略的全面推行已为其构筑起"八纵"格局，但发挥"八纵"格局的协同效应还面临诸多挑战。单从依靠资本纽带、战略合作对线下实体改造来看，对百货代表银泰、商超代表大润发的新零售改造效果依然需要提升，而协同多资源本地生活与商超资源等还有很长的路要走。另一方面，经历一系列探索创新，新零售商业模式逐渐清晰，实践也逐渐趋于理性，"盒马型"新物种模式虽然通过实践检验，但绝非所有的"盒马型"新物种都获得了实践的肯定。例如，永辉超级物种虽然具有典型的示范效应和强有力的创新能力，但从其近期的战略来看，已呈现变革趋势，而苏宁的苏鲜生、京东的七鲜等还处于未知的探索期，未来企业对业态和资源的割舍也是必然趋势。从企业间资源的整合来看，总体而言，新零售主导权已经掌握在阿里巴巴手中，同时京东、苏宁、永辉、腾讯等企业还与其存在强有力的竞争。新零售的规模经济和网络经济特性，决定了行业之间的整合趋势将进一步增强，尤其是一些规模较小的新零售企业在经历行业风口和试错期之后势必将归并到规模化的企业中，如未来"盒马型"新物种势必会出现"大鱼吃小鱼"的行业态势。同时，新零售的下半场中主导企业对于供给端和全链条的资源整合将进一步加快。

（六）以消费者体验为核心的服务主导产业未来发展

新零售的目标是打造体验式消费场景，营造消费氛围，不仅使消费者购物便捷而且能与消费者产生心灵沟通，产生客服忠诚度，实现重复购物的良性循环。新零售将打通全渠道，与第三方物流合作带来的速度的提升，增加消费者的购物好感度。未来，持续的服务创新将满足消费者多维度的需求。

新零售企业将把会员制贯彻到底，汇总消费者的个人信息和购物信息，对个人和家庭的消费需求进行画像，有针对性地开展营销活动，包括预备货物，分析促销反馈、消费偏好、消费习惯等。新零售企业将与实体零售企业合作，用信息技术进行店面改造，方便消费者选择商品和服务；鼓励线上下单，把门店作为前置仓，共享供应链和信息系统，缩短物流配送时间，扩大商品品类。未来，新建大型门店将优先考虑交通因素、人口、消费能力和铺面投资。随着城市的发展，中高收入人群从城区中心地区走向自然环境优越的城市边缘地区，交通及停车场成为消费者优先考虑的因素。随着工作、生活节奏的加快及住房面积的增大，定期、批量采购日用消费品会成为常态。新零售企业的目标消费者将瞄准5年、10年后的消费主力军，而"80后"和"90后"更喜欢网购。中小型超市或便利店将以合作加盟为主，提高商品和消费者的契合度。根据线上和线下的数据，新零售企业将加强与生产企业的合作，进行供给侧改革，提供优质的商品和服务，保障商品的品质。

第二章　新零售领域的研究热点和演进趋势

——基于 CNKI 与 WOS 期刊文献的可视化分析

一、引言

国家统计局的资料显示，2019 年，我国全年社会消费品零售总额为411 649 亿元，同比增长 8%，最终消费支出对国内生产总值增长的贡献率达到了 57.8%。与此同时，全国居民的人均可支配收入为 30 733 元，同比增长 8.9%，而人均国内生产总值更是首次突破 1 万美元。消费对经济增长的拉动作用不断增强和我国城乡居民可支配收入的不断增加，必然会促进消费转型升级，但传统零售模式和电子商务模式均有很大的缺陷，无法更好地满足消费需求。而大数据、云计算和人工智能等数字技术的兴起，为整合线上线下渠道、充分发挥两种模式的优势提供了坚实的技术支撑。2016 年 10 月，马云提出新零售概念，之后很多企业家和学者对新零售热议不断。阿里研究院认为，新零售是以消费者体验为中心的数据驱动的泛零售形态，其核心价值是将最大限度提升全社会流通零售业运转效率。刘强东提出，新零售的实质是无界零售，终极目标是在知人、知货、知场的基础上，重构零售的成本、效率和体验。赵树梅等（2017）认为，所谓新零售，就是应用互联网的先进思想和技术，对传统零售方式加以改良和创新，用最新理念和思维作为指导，将货物与服务出售给最终消费者的活动。杜睿云等（2017）认为，新零售是指运用大数据、人工智能等数字技术，对商品的生产流通环节进行升级改造，进而重塑业态结构和生态圈，并深度整合线上服务、线下体验和现代物流的零售新模式。王坤等（2018）指出，新零售是倡导有关企业做到线上、线下与移动渠道相结合，以三者合力促进价格消费向价值消费全面转型，以大数据和人工智能等新技术驱动零售业态与供应链重构，以互联网思维促进实体零售转型升级，以新物流为支撑提高流通效率和服务水平。综合上述企业家和学者的观点，不难发现，新零售是一种以消费者体验为中心，将大数据、云计算、人工智能等数字技术作为根本驱动力，重构人、货、场，用全渠道的方式满足消费者需求的新型零售模式。

虽然越来越多的学者开始关注到新零售的学术价值和实践价值，但由于该领域的研究处于起步阶段，涉及新零售研究热点和演进趋势的相关文献还较少。因此为了更好地了解新零售的研究现状，本章将中国知网（CNKI）数据库和科学网（Web of Science，WOS）数据库作为数据来源，分别以"新零售""全渠道零售"和"new retail""omnichannel""BOPS""digital retail""intelligent retail"等关键词作为搜索主题词，然后根据文献的标题、摘要、作者和期刊等信息筛选出有效文献 848 篇，其中 CNKI 数据库文献 666 篇，WOS 数据库核心合集文献 182 篇，最后将这两类文献分别导入"CiteSpace"软件进行可视化分析，梳理出自 2016 年以来新零售领域的研究热点和演进趋势，并基于此探讨新零售未来的发展方向，以期为后续研究提供一点参考。

二、新零售文献的基本特征

（一）文献整体趋势

2016 年以前，国内基本上没有研究新零售的文献，自从马云提出新零售概念之后，这一领域内的学术价值才开始被学者们关注到，相关研究的发文量也进入了激增阶段。这主要是因为 2016 年以前，我国传统零售模式受到了电子商务的巨大冲击，导致一些传统零售行业的利润和销量急速下滑，而电子商务本身经过了十多年的高速发展之后疲态渐显，我国零售业亟须进行深刻的变革和创新，而新零售的出现顺应了我国零售业的发展趋势，为满足日益增长的消费需求、促进国内经济发展创造了条件。同时，新零售领域也是一个全新的领域，因此实践的要求和理论的吸引是新零售研究蓬勃发展的主要原因。另外，有 70% 以上的研究成果都属于经济和管理类学科。从期刊类别来看，大约有 40% 的文献发表在商业经济研究期刊上，5% 左右的文献发表在中国流通经济期刊上，另外有接近 50% 的文献发表在其他期刊上。

从时间上看，外文数据库的新零售文献整体趋势和国内基本同步，也是在 2016 年以后进入激增阶段。但与国内不同的是，国外新零售相关的文献数量较少，远远低于国内同期的文献数量，这可能是因为国外经济发展状况和零售业发展阶段与国内不同。此外，经过检索发现，外文数据库中以 "new retail" 为关键词的文献数量较少，更多的文献是以 "BOPS" "omnichannel" 等作为研究的关键词，这说明目前国内外学者对新零售的认识还不完全统一，对新零售的研究也各有侧重点。虽然国内外新零售领域研究的重点有所不同，但均可以以 2016 年为界，2016 年以后，相关的研究都迎来了高峰期（见图 2-1）。

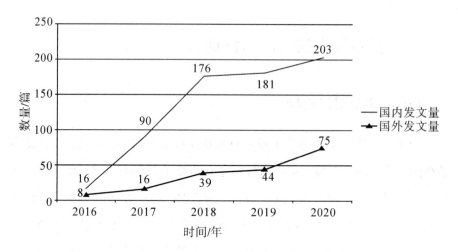

图 2-1　2016—2020 年国内和国外历年发文量

（二）作者合作网络分析

在新零售领域，李昕、李伟、陈熹、王宝义、肖正中等人均发表了3 篇以上论文，逐渐形成了以陈熹、李伟春、廖凌云、但斌等人为中心的学术团队，但是各学者的中心性均为 0，这说明学者之间的合作仍然处于比较松散的状态。从论文的影响力角度来看，截至 2020 年 12 月底，赵树梅和李晓红的《"新零售"的含义、模式及发展路径》一文的下载量达到28 427 次，被引次数更是高达 535 次，排名第二的是杜睿云和蒋侃的《新零售：内涵、发展动因与关键问题》一文，被引次数达 444 次。国外也形成了几个学术团队，但是和国内的合作情况类似，各学者的中心性均为 0，这说明无论是国内还是国外，新零售领域内的研究者之间虽然偶有合作，但是没有形成稳定的合作机制。

（三）国家机构分析

在新零售领域，中国和美国的发文量占总发文量的比重超过了 60%，这说明中国和美国是新零售研究的主力军，这主要与中美两国超大的市场规模有关。一方面，2019 年，我国社会消费品零售总额为 411 649 亿元，消费对经济增长的贡献率达到 57.8%。同期，美国的社会消费品零售总额达 62 375.6 亿美元，按照当时的美元汇率计算，中国社会消费品零售总额与美国旗鼓相当，仅比美国少了 2 703 亿美元。另一方面，虽然中国的发文量超过美国，但中国的中心性是 0.65，而美国的中心性为 0.79，这说明美国与其他国家在新零售领域的合作要更为紧密。

目前，国内新零售领域研究的代表性学术机构有香港理工大学、中国科学院、中国人民大学、哈尔滨工业大学、南京大学、上海理工大学、重庆大学、西南大学等，形成了以哈尔滨工业大学、南京大学、西南大学、天津大学等著名高校为中心的几个合作团队。一方面，这些代表性学术机构都是国内一流高校或顶级科研院所，拥有足够的资源推动新零售研究向纵深发展，确保研究成果的水平。另一方面，除了哈尔滨工业大学、南京大学和东华大学的中心性超过了 0.01 之外，其他高校的中心性均为 0，这说明国内高校之间的合作处于比较松散的状态，需要进一步将强。

国外在新零售领域发表文献数量较多的学术机构有宾夕法尼亚大学、佐治亚理工学院、加州州立大学、南安普顿大学、鹿特丹伊拉斯谟大学等著名高校，但和国内高校的情况类似，在合作方面缺乏中心性较高的高校，这说明国内外高校在新零售领域的合作均需要加强。

三、共引分析

（一）关键词共现分析

我们通过对关键词进行共现分析，可以找到出现频次和中心性较高的关键词，从而发现相关领域的研究重点和热点。一般认为，当某个关键词的中心性超过 0.1 时，说明该关键词是比较重要的。

我们对 666 篇 CNKI 数据库文献进行关键词共现分析，形成了一个由

155 个网络节点、480 条网络连线所组成的，密度为 0.040 2 的关键词网络（见表 2-1 和图 2-2）。不难发现，在 CNKI 数据库文献的关键词网络中，从出现频次的角度来看，出现频次最高的关键词是"新零售"，后面依次是"盒马鲜生""电子商务""新零售模式""线上线下""大数据""全渠道""消费者""传统零售""生鲜电商"等。从中心性的角度来看，中心性较高的关键词均与新零售的内涵有着密切的联系。一般认为，新零售是传统零售模式和电子商务模式优化升级之后的新型模式，以大数据等数字技术作为根本驱动力，充分整合线上线下渠道，利用全渠道的方式满足消费者需求。另外，"盒马鲜生"和"生鲜电商"的中心性分别为 0.2 和 0.15，说明关于农产品生鲜行业的研究在新零售领域内占有重要地位，这主要是因为在 2016 年 10 月马云提出新零售概念之前，第一家盒马鲜生门店就已经在上海开业，它作为生鲜行业的新零售代表，成功构建了数字化供应链，完成了线上线下和现代物流技术的完美融合。正是盒马鲜生在新零售领域占有特殊地位，因此有关盒马鲜生模式的研究受到了很多学者的关注，取得了丰富的研究成果。邢惠淳（2019）从价值主张、价值传递、价值实现三个方面分析了盒马鲜生的价值创造模式，指出盒马鲜生模式通过精细化管理控制了运营成本、丰富了生鲜用户消费场景、优化了用户体验。叶渊砾等（2018）认为，盒马鲜生模式的出现，解决了传统生鲜电商配送标准缺乏、配送成本偏高、配送损耗严重等问题，但是也存在自建物流体系成本偏高、单店线上客户规模受限等问题。纪祥镇等（2019）指出，目前盒马鲜生模式还存在用户群体局限性、用户体验有待进一步提高、扩张成本过高等问题。

表 2-1　CNKI 数据库中心性排名前十的关键词

排名	关键词	中心性	出现频次
1	新零售	0.36	490
2	大数据	0.26	29

表2-1(续)

排名	关键词	中心性	出现频次
3	电子商务	0.26	33
4	线上线下	0.21	30
5	盒马鲜生	0.2	48
6	传统零售	0.19	24
7	新零售模式	0.18	31
8	全渠道	0.18	28
9	消费者	0.15	27
10	生鲜电商	0.15	18

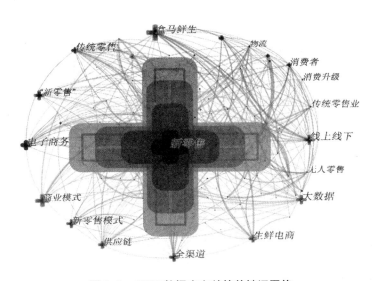

图 2-2　CNKI 数据库文献的关键词网络

我们对 182 篇 WOS 数据库文献进行关键词共现分析，形成了一个由 113 个网络节点、546 条网络连线所组成的，密度为 0.086 3 的关键词网络（见表 2-2 和图 2-3）。在 WOS 数据库文献的关键词网络中，从出现频次的角度来看，出现频次最高的关键词是"impact"（影响），后面依次是"strategy"（战略）、"supply chain"（供应链）、"competition"（竞争）、"channel"（渠道）等。从中心性的角度来看，中心性较高的关键词主要集中在渠道、影响、竞争和电子商务等。我们通过梳理相关文献发现，国外在新零售领域的研究相较于国内而言，更加注重对新零售模式实际应用的研究，如 BOPS（线上下单、线下取货）模式的影响和作用机制，全渠道背景下零售商渠道选择对零售商、供应商和供应链整体利润的影响等。

表 2-2　WOS 数据库中心性排名前十的关键词

排名	关键词	中心性	出现频次
1	channel（渠道）	0.15	17
2	impact（影响）	0.14	30
3	competition（竞争）	0.14	18
4	e-commerce（电子商务）	0.12	12
5	loyalty（忠诚）	0.11	8
6	commerce（商业）	0.11	6
7	strategy（战略）	0.1	21
8	supply chain（供应链）	0.1	21
9	decision（决定）	0.1	11
10	internet（互联网）	0.09	10

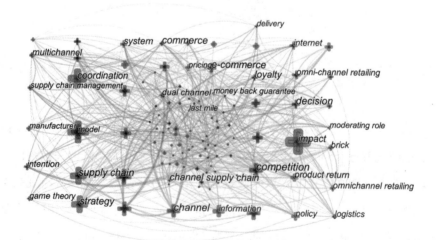

图 2-3　WOS 数据库文献的关键词网络

我们通过对两类数据库文献的关键词网络进行分析，发现在新零售领域，国内学者主要专注于理论构建，而国外学者主要专注于实际应用。另外，国内学者在构建新零售理论的同时，也在逐渐探索新零售模式在某一具体领域特别是农产品生鲜领域内的应用。国外学者则从某种模式层面如BOPS层面探讨该模式对整个零售业变革的影响，国内外学者在新零售领域的研究内容和研究方向上形成了差异互补的研究格局。

（二）关键词聚类分析

我们通过对关键词进行聚类分析，可以找到关键词所属领域。一般认为，如果关键词聚类结果中的聚类模块值大于0.3，说明该聚类的结构显著；如果聚类平均轮廓值大于0.5，说明聚类是合理的；如果聚类平均轮廓值大于0.7，说明聚类是令人信服的。

CNKI数据库文献的关键词形成了9个较为重要的聚类，其聚类模块值为0.4059，聚类平均轮廓值为0.6011，说明CNKI数据库文献的关键词聚类结构显著而合理。由表2-3可以发现，CNKI数据库文献的关键词聚类主要集中在"新零售""转型升级""感知价值"等领域。

WOS数据库文献的关键词形成了7个较为重要的聚类，其聚类模块值为0.399，聚类平均轮廓值为0.754，说明WOS数据库文献的关键词聚类结构显著而令人信服。由表2-3可以发现，WOS数据库文献的关键词聚类主要集中在"供应链管理""价格演示"等领域。

从两大数据库文献的关键词聚类结果来看，WOS数据库文献的关键词聚类结果所展示的研究领域要比CNKI数据库文献更为集中。国内研究更多的是分析新零售的内涵、对传统零售业和消费者的影响等方面，而国外研究更多的是分析新零售的运行机制和供应链管理等方面。

表 2-3　CNKI 数据库和 WOS 数据库的关键词聚类结果

关键词来源	聚类名称	聚类序号
CNKI 数据库	盒马鲜生	#1
	新零售模式	#2
	大数据	#3
	线下	#4
	转型升级	#5
	零售业	#6
	商业模式	#7
	感知价值	#8
	线上线下	#9
WOS 数据库	supply chain（供应链）	#1
	competition（竞争）	#2
	supply chain management（供应链管理）	#3
	price presentation（价格演示）	#4
	heuristics（启发式）	#5
	e-commerce（电子商务）	#6
	retail industry（零售业）	#7

（三）关键词突现分析

对关键词进行突现分析，可以发现某个领域突现强度较高、突现时间较长和目前正在突现的关键词，从而找到该领域的研究重点和热点，并基于此预测该领域未来的发展方向和演进趋势。

我们对 CNKI 数据库文献的关键词进行突现分析时，将阈值 γ 设为 0.8，最短持续时间（minimum duration）设为 1 年，得到 13 个关键词（见表 2-4）。国内研究突现强度最高的关键词是"实体店"，突现强度达到 5.197 5。同时，这一关键词也是 2017 年新零售领域研究的重点，因为

2017 年是新零售元年，新零售的发展对实体店的影响是很多学者关注的重点。例如，杨洋（2017）强调，实体店应该积极转变经营观念。张梦璐等（2017）以小米之家为例，认为传统实体店在环境设计方面可以尝试信息交互科技化、消费流程智能化、消费空间开放化、风格显性化等。除了关键词"实体店"的突现强度最高之外，2020 年突现的关键词是"消费体验"。该关键词已经持续突现了两年并且有可能继续保持突现。这主要是因为在新零售时代，所有零售企业都应该以消费者体验为中心，尽最大努力满足消费者个性化需求。苑卫卫（2020）认为，影响消费体验的因素主要有消费者预期、安全性、服务和感知价值等。朱春霞（2020）认为，要想提升消费体验，零售企业需要打通线上线下、打造现代智慧物流、提高店员综合素质、提供个性化服务、创新经营模式、引入高科技等。

表 2-4　CNKI 数据库文献的关键词突现情况

序号	关键词	突现强度	突现开始时间/年	突现结束时间/年
1	新零售	2.772 6	2015	2015
2	线上线下	2.851 7	2016	2017
3	消费者	2.901 1	2017	2017
4	实体渠道	1.635 2	2017	2017
5	实体零售	1.736 5	2017	2017
6	电子商务	2.167 7	2017	2018
7	优衣库	1.635 2	2017	2017
8	实体店	5.197 5	2017	2017
9	第四次零售革命	1.635 2	2017	2017
10	亚马逊	1.635 2	2017	2017
11	零售转型	2.024 4	2018	2018
12	阿里巴巴	1.676 4	2018	2018
13	消费体验	1.729 1	2019	2020

我们对 WOS 数据库文献的关键词进行突现分析时，将阈值 γ 设为 0.5，最短持续时间（minimum duration）设为 1 年，得到 20 个关键词（见表 2-5）。WOS 数据库文献的关键词突现强度普遍不高，唯一一个突现强度较高的关键词是"retailer"（零售商）。这些突现的关键词主要集中在供应链管理、零售渠道、产品质量和价格等领域。

表 2-5　WOS 数据库文献的关键词突现情况

序号	关键词	突现强度	突现开始时间/年	突现结束时间/年
1	internet（互联网）	1.315 4	2016	2016
2	management（管理）	2.877 7	2016	2017
3	supply chain（供应链）	1.430 4	2016	2017
4	design（设计）	1.318 3	2017	2017
5	retail operation（零售运营）	1.758 8	2017	2017
6	price（价格）	1.429 9	2017	2017
7	competition（竞争）	1.811 5	2017	2017
8	availability（可用性）	1.652 1	2017	2018
9	multichannel（多渠道）	1.433 1	2018	2019
10	inventory management（库存管理）	1.408 6	2018	2018
11	multichannel customer management（多渠道客户管理）	1.408 6	2018	2018
12	risk（风险）	1.408 6	2018	2018
13	logistics（后勤）	1.433 1	2018	2019
14	framework（构架）	1.408 6	2018	2018
15	omni-channel（全渠道）	1.396	2019	2019
16	emission（排放）	1.396	2019	2019
17	retailer（零售商）	2.134	2019	2019
18	product（产品）	1.374 1	2019	2020
19	buy online（线上购买）	1.838 9	2019	2020
20	quality（质量）	1.606 1	2019	2020

我们通过关键词突现分析，不难发现两类数据库文献的关键词突现持续时间均很短，相比于 CNKI 数据库文献的关键词来说，WOS 数据库文献的关键词突现强度普遍较低。自 2019 年起，CNKI 数据库文献中"消费体验"一词开始突现，WOS 数据库文献中"product"（产品）、"buy online"（线上购买）、"quality"（质量）等关键词开始突现，这说明国内学者开始关注新零售对消费体验的影响，而国外学者开始关注购买渠道和产品质量等方面的问题。

（四）共被引文献分析

为分析新零售研究理论的动态结构，本章利用共被引文献之间的联系来揭示理论演化的特点，但"CiteSpace"软件无法对 CNKI 数据库中的文献进行共被引分析，因此这里仅分析 WOS 数据库共被引文献的情况。我们通过对 182 篇文献进行共被引分析，形成了一个由 159 个节点、627 条网络连线所组成的，密度为 0.049 9 的网络。我们对文献进行聚类分析，其聚类模块值为 0.533 6，聚类平均轮廓值为 0.519 7，说明该聚类结构显著且合理。从聚类结果可以发现，新零售研究的主题呈现出两类：一类是有关消费者的研究，包括"customer heterogeneity"（客户异质性）、"consumer returns"（消费者退货）、"strategic consumer behavior"（战略性消费者行为）；另一类是有关零售渠道的研究，包括"cross-channel product returns"（跨渠道产品退货）、"channel integration"（渠道整合）。

四、新零售领域理论研究的演进路径

自 2016 年新零售概念提出以来，我国在该领域的理论研究经历了由理论构建逐渐向实际应用转变的演进路径。由图 2-4 不难发现，2016—2017 年，学者们关注的主要是新零售的内涵、新零售模式对传统零售业和电子商务的影响、新零售背景下盒马鲜生的运营模式和机制优势等领域。这一时期新零售领域的研究处于理论构建为主的阶段。2018年，学者们关于新零售模式的内涵和影响的研究取得了一定的成果，开始更多地关注用户体验、智慧物流、共享经济、新零售模式与其他行业（如农产品行业、实体书店行业、区块链行业）的深度融合。胡瑜杰（2018）在分析现有流通体系的不足的基础上，指出新零售将推动农产品电子商务流通模式从单向关注升级为双向互通，通过线上线下融合及高效物流运输系统，更好地满足不断升级的消费需求。赵丹妮等（2018）认为，实体书店存在经营成本高、经营时间和空间受限、经营结构单一、网上书店冲击、阅读方式改变、共享图书、盗版图书冲击严重等问题，应该将新零售理念运用到实体书店经营中，创新经营模式、增强读者体验、融合线上线下渠道。杨婷等（2018）指出，区块链的核心特点主要有分布式记账、匿名性、去中心化等，利用区块链技术可以解决目前新零售模式发展过程中用户信息安全和产品质量难以保证、物流体系不够高效等问题。2019—2020年，学者们开始关注冷链物流技术、零售行业数字化转型和数字经济等领域，特别是2020年年初以来，全球暴发了新冠肺炎疫情，各传统行业遭受了严重的冲击，但数字经济行业却逆势而为，得到了蓬勃发展。以盒马鲜生为例，新冠肺炎疫情暴发后，绝大部分传统零售门店纷纷关门停业，但全国228家盒马鲜生坚持开业，通过网上"云"卖菜，在一定程度上保证了居民基本物资消费和市场价格稳定，展现出新零售模式的强大优势。可以预见的是，数字化零售将是新零售领域的一个发展方向。

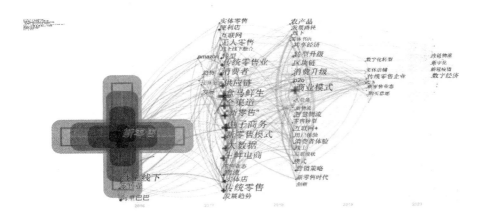

图2-4 国内新零售理论研究时区视图

相比于国内而言，国外新零售领域的研究重点的变化程度不大，这可能是由于国内外零售业发展状况不同或对新零售的认识尚不完全统一。由图2-5不难发现，国外新零售领域的研究重点主要集中在零售渠道、供应链管理、零供关系、消费者因素等领域。

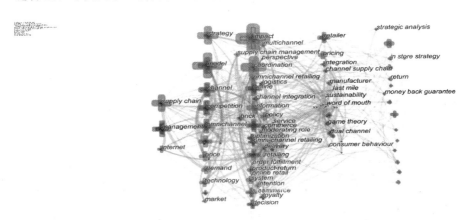

图2-5 国外新零售理论研究时区视图

我们通过分析国内外新零售理论研究时区视图，发现国内新零售理论的演进速度较快，研究重点包括了新零售的内涵和影响、新零售与其他行业的深度融合以及数字化零售等；国外新零售理论的演进速度较慢，研究重点包括了零售渠道、供应链管理、零供关系、消费者因素等。

五、研究结论与展望

（一）研究结论

我们通过对已有文献进行基本特征分析、关键词共现分析、聚类分析、突现分析、共被引分析和理论研究演进路径分析之后，可以得出以下几个研究结论：

第一，关于新零售研究在文献发文量上呈逐年上涨的趋势。新零售领域具有巨大的学术研究价值和实践应用价值，因此随着新零售概念的提出，相关文献的发文量迎来了高峰期。未来，随着新零售实践的不断推进，会有更多的学者关注到该领域的学术研究价值和实践应用价值。

第二，在作者合作网络方面，无论是国内还是国外，已经涌现出一批在新零售领域较为权威的学者，形成了几支学术研究团队，但是各学者之间的合作还处于较为松散的状态，仍需进一步加强。另外，在国家机构方面，中美两国是新零售研究的主力军，这主要是因为中美两国拥有超大的市场规模。就合作程度而言，美国与其他国家在新零售领域的合作更为紧密。和作者合作的情况类似，国内外已经有一批研究新零售理论的著名高校，但是各高校之间的合作也需要进一步加强。

第三，从关键词共现结果来看，国内新零售研究的重点包含了大数据、线上线下、全渠道、传统零售等主题，这些主题与新零售的内涵密切相关。学者们对这些主题的研究，深刻诠释了什么是新零售。盒马鲜生作为新零售领域的领军企业和样本企业，有很多学者对它的经营理念、数字化供应链、高效物流和其他的一些优势及不足进行了深入的研究，取得了较为丰富的成果。国外学者更多是从供应链管理、顾客忠诚度、商业战略、渠道影响等角度研究新零售。

第四，从关键词聚类结果来看，CNKI 数据库文献的关键词聚类结果主要集中在新零售、转型升级、感知价值等领域，WOS 数据库文献的关键词聚类结果主要集中在供应链管理、价格机制等领域，这说明国内外学者的研究思路有很大的不同。

第五，从关键词突现结果和文献共被引结果来看，截至 2020 年年末，国内在新零售领域突现强度最高的关键词是"实体店"。这主要是因为新零售概念的提出，在很大程度上是为了克服传统零售模式和电子商务模式的局限性，推动传统实体店转型升级，加快线上线下融合发展，因此很多学者深入研究了新零售对传统实体店的影响和作用机制，使"实体店"一词的突现强度非常高。此外，从 2019 年开始，"消费体验"一词已经持续突现了两年，说明学者们开始关注到消费体验这一主题的研究价值。这主要是因为新零售是一种以消费体验为中心的新型零售模式，即通过大数据、云计算、人工智能等数字技术构建拉式数字化供应链，然后将线上线下渠道与高效物流完美融合，满足消费者的消费需求，提升消费体验。相比于国内而言，国外新零售文献关键词的突现强度普遍不高，主要集中在供应链管理和零售渠道等领域。我们通过对 WOS 数据库文献进行共被引分析发现，新零售研究的主题主要可以分为消费者和零售渠道两大类。

第六，通过分析新零售领域理论研究的演进路径发现，国内新零售研究呈现出由理论构建逐渐向实际应用转变的演进路径，且演进速度较快。2017 年，国内学者关注的重点主要是对新零售概念的解读、新零售模式对传统零售模式和电子商务模式的影响以及新零售样本企业盒马鲜生的运营模式和机制优势等。2018 年，学者们开始研究新零售模式如何助推其他行业（如农产品、实体书店和区块链等行业）的转型升级。随着大数据、互联网等数字技术与传统零售业的深度融合，我国数字经济行业得到了蓬勃发展，学者们对零售业数字化转型、数字经济等方面的关注力度明显加大。另外，国外新零售理论研究的演进速度较慢，且研究重点主要集中在零售渠道、供应链管理、零供关系、消费者因素等领域。

（二）研究展望

通过上述分析，再结合相关文献的内容，本章认为未来新零售研究主要有以下几个发展方向：

第一，关于消费体验的研究。王正沛等（2019）认为，新零售发展和演化的逻辑是以传统零售的消费体验痛点和发展瓶颈为突破口，以新兴数字技术为牵引力，以服务质量和市场利益为内生驱动力。因此，无论新零售发展到什么阶段，其落脚点还是在于消费体验。不同于传统零售模式，新零售模式在供应链管理、需求触发、购物场景、营销模式、购物体验、购买行为等多方面均做了很大的改进，其目的都是贯彻以消费体验为中心的运营理念。目前，我国新零售领域的理论研究和实践应用还处于起步阶段，一些零售企业对消费体验的重视程度还远远不够，因此关于如何满足消费需求、提升消费体验的研究会成为未来新零售领域研究的重点。

第二，关于零售渠道的研究。新零售模式的一个重要特征是将线上线下渠道与高效物流完美融合，以全渠道的方式满足消费者任何时间、任何地点、任何方式的购买需求。因此，对于传统零售企业来说，要想实现零售模式的转型升级，其中重要的一步就是进行渠道整合，实现线上线下同质同价。但是，在多渠道阶段，同一零售企业的线上渠道和线下渠道分属不同的利益主体，这就给零售企业进行渠道整合带来了很大的难度。因为渠道整合的过程必然涉及线上渠道和线下渠道的利益分配问题，所以如何做好渠道利益分配、顺利推进渠道整合也应该是学者们研究的重点。

第三，关于供应链管理的研究。WOS 数据库文献的关键词共现分析结果、聚类分析结果和突现情况等都表明供应链管理这一主题在新零售研究中具有十分重要的作用。罗凤（2018）指出，零售业最大的挑战是供应链管理。传统供应链存在对市场的反应能力较为迟钝、各成员之间缺乏信赖、整体效率不高等问题，在新零售浪潮下，传统供应链已经无法满足市场需求，亟须以数据和技术作为驱动力，推动传统供应链创新升级。零售企业只有通过构建数字化供应链，利用大数据和人工智能等数字技术对供应链各环节进行精细化管理，才能最大限度地降低运营成本，对消费者的消费需求进行不断满足。因此，随着我国零售企业供应链全面升级的需要，有关供应链管理的研究将会成为一个重点。

第四，关于数字化零售的研究。根据对新零售领域研究重点的分析，学者们开始关注数字化转型、数字经济等主题。传统零售企业想要转型成为新零售企业，必须依靠大数据、云计算和人工智能等数字化技术作为根本驱动力。受新冠肺炎疫情的影响，我国政府正在大力推动"新基建"以谋求经济的恢复和增长，而"新基建"又包括了第五代移动通信技术（5G）、大数据中心、人工智能、工业互联网等重点领域。因此，随着"新基建"的推动，数字化技术水平必然得到进一步提升，这就为数字化零售的发展提供了坚实的数字技术支撑。另外，居民收入水平的快速提升会促进消费不断升级，这就要求零售企业要积极对零售模式进行创新升级以满足消费需求的不断变化，而数字化零售则可以充分利用自身的数字化优势顺应这种趋势。因此，未来零售业会朝着数字化的方向发展。

六、本章小结

本章通过对 666 篇 CNKI 数据库文献和 182 篇 WOS 数据库文献进行可视化分析，发现从 2016 年开始，新零售领域的研究迎来了高峰期，但国内外在该领域的研究内容、研究方向和演进路径等方面有所不同，形成了差异互补的研究格局。本章通过共引分析、共被引分析，发现新零售领域的研究重点和热点是新零售的内涵解读、发展实践、消费体验和供应链管理等方面。本章认为，随着新零售模式的进一步发展和完善，有关消费体验、零售渠道、供应链管理和数字化零售等方面的研究会成为未来新零售领域的研究重点和发展方向。

第三章　中国新零售发展的历程、动因与特点

一、中国零售业的演变历程：传统零售→现代零售→新零售

零售是最古老的贸易方式，最初的贸易可以看成零售贸易的雏形。从人类发展来看，零售的历史可以追溯到中国夏、商或更早的远古时代。最初的贸易活动是零星的、分散的、小批量的。在原始社会晚期，若干血缘相近的宗族、氏族结合而成部落。在部落里，成年男性一般都是狩猎好手，熟练的狩猎技巧让他们不用日日为食物发愁。而被"剩下"的食物就形成了原始的"货"，部落间民众的不同需求（如"置换"需求）促进了交易"场"的形成。逐渐地，男女老少分工协作、协同发展，人、货、场紧密相连，这便是零售的雏形。

早在几千年前，随着贸易的逐渐兴起，货币应运而生，因此促进了商业贸易的极大发展。除自给自足的小农经济外开始出现以商业与贸易为主的商品经济，零售由此登上历史的舞台。但在19世纪以前，资源与技术相对匮乏，这使得零售整体发展缓慢，始终处于单纯地贩卖一种或一类商品的状态，零售商基本上由各种作坊式小型店铺组成，商品都是以讨价还价

的方式销售。随着西方经济向资本主义经济的转变，工业革命爆发带来了机械文明，也改变了人们的生活方式。生产的日益集中化，带来人口向城市的集中，现代城市由此形成。以往分散在广阔区域的购买力逐渐集中，为城市建立大规模的销售机构创造了条件。因此，在 19 世纪中叶，百货商店这种零售业态横空出世，并作为城市商业化集中的产物标志着零售业的发展走向了正规，从此迎来了零售业的快速发展。

世界零售业的发展经历了三次变革，并正在发生第四次变革。中国的零售业出现较早，但发展较慢，其间一度发展极其缓慢，甚至出现了倒退的情况。伴随着 1978 年的改革开放，中国的流通经济制度开始发生转变，零售业在基于中国人口基数大的情况之下再次得到迅速发展。尤其是在 1992 年开放外资进入之后，中国的零售业发展注入了新的活力，引入外资和国外发展的新兴的零售模式与策略，极大地促进了我国零售业的快速发展，并使我国在第四次零售变革中进入引领世界零售变革的第一梯队。

（一）传统零售

传统零售是零售业的早期发展时期与发展雏形，它受制于当时的基础设施和城市化水平。在传统零售时代，商品化、信息化和供应链基本上都处在萌芽阶段，因此传统零售业态表现为杂货店、批发市场、百货商店等零售业态形式，而经营形式主要是单店经营。

我国商品经济出现较早，早在春秋战国时期便已出现商品经济的雏形，到唐宋时期，更是达到了我国历史上的一个商品经济的鼎盛时期。但在历史上，我国长期以小农经济为主，商品经济只是社会经济中的一个小的组成部分，不占主体地位。我国真正出现零售业是在 20 世纪之后。1900 年，俄国资本家在中国哈尔滨开设秋林公司，中国境内第一家百货商场横空出世，至此中国开启了零售行业的发展征程。但由于战争的影响，中国零售业在 20 世纪中叶之前一直停滞不前。中华人民共和国成立之后，全国范围内开始组建百货商店。1957 年，供销合作社在全国形成了上下连接、纵横交错的全国性流通网络，成为满足人们生产生活需要、进行商品流通的主要渠道。我国正式进入传统零售阶段。

中国的传统零售与普遍意义上的传统零售存在着极大的不同之处，极具中国特色。在中国的传统零售时期，供销合作社成为实现零售的主要场所。改革开放之前，计划经济体制内的零售业以公有制经济为主导，统购统销、统购包销是当时的时代特色，人们购物需要提供票证，即凭票购买。因此，1953—1977 年的这一时期被称为中国的"票证时代"。此时，商店（供销合作社）的职能除了提供商品和服务外，更倾向于促进社会资源的均衡分配。

1978 年，我国迎来伟大的改革开放，中国经济开始走向市场化进程。改革开放带动了中国经济的腾飞，也带动了中国零售业的发展，市场逐渐归位并发挥其正确的作用，传统零售脱离了特殊时期，进入了普遍时期。1984 年深圳全面取消票证制度，1985 年国务院批准将原有的票证供应物资逐年减少，1993 年粮票被正式宣告停止使用，长达近 40 年的票证经济就此落幕。在 1978 年至 20 世纪末这段时间，我国零售业发展整体遵从世界零售业发展规律，真正进入了百货商场时期。1978 年改革开放以来，百货商场开始大规模兴起，一直到 20 世纪 90 年代之前，我国的零售业主要是以国有大型百货商场为主体的单一业态。直到 20 世纪 90 年代，超市等多种业态才逐渐被引进中国，形成了百货商店、超市、专卖店等多种业态混合并行发展的局面。

传统零售从本源上定义了人、场、货三者之间的关系与联动，完成了人、场、货三者之间的统一与协调，人们可自由地在零售场所挑选或购买明码标价且摆放整齐的货物，构建了零售业发展的基础。传统零售时代的主要商业形态是供销合作社形态。

（二）现代零售

现代零售的发展是零售业的第一次飞跃，它得益于互联网技术的全面推广，这一时期的基础设施、商品化、信息化、供应链的发展阶段已经处于蓬勃发展的成长阶段。20 世纪 90 年代中后期，商品流通市场开始变得繁荣，越来越多的民营商店在市场中兴起，中国的商业零售开始进入市场化的成长期。20 世纪 80 年代中期，"超级卖场"这一零售业态被引入中国。1991 年，上海联华超市的创办也标志着我国零售业进入了新的发展时期，中国的现代零售从此起步。中国在 1992 年允许外资零售企业进入中国零售领域，沃尔玛、麦德龙、宜家等国际零售巨头纷纷进入中国市场，零售业的民营企业快速崛起，中国零售业可谓春意盎然。国外近 150 年的零售文化与发展模式快速涌入中国，极大地改变了中国零售业的发展模式与路径，弥补了中国零售业发展经验的不足。基于我国改革开放后经济的快速增长，我国零售业在国外丰富的管理与零售经验的推动之下，迎来前所未有的爆发增长期。

现代零售区别于传统零售的最重要之处在于更加科学与合理的管控发展模式。传统零售时期零售业基本为野蛮生长的状态，但中国的传统零售时期是处于全国计划经济的背景之下的，零售更多地表现为资源配置的效果。在票证被取消之后，我国市场制度回归，零售业开始以市场为基础得到更快发展。由此，我国开始迈入现代零售时代。

我国现代零售的发展整体上可以分为两个时期，其中早期发展基本依靠外资企业引领，国外零售业领头企业迅速进入中国市场，在全国各地开设多家大型超市与商场，推动了我国零售业态种类的增加，同时将国外当时的先进技术与管理经验带入中国，使得我国零售场景不断革新，商品种类不断扩充，基础设施建设不断完善，供应链与信息平台逐步搭建。我国零售业进入了现代零售发展时期。

现代零售的早期仍旧主要是在传统零售的基础之上加入信息化的元素，且不断完善基础设施与加快商品化进程，而现代零售的后期则是信息技术与零售的结合发展。进入 21 世纪以来，我国电子商务慢慢起步，零售行业更是在借鉴其他国家的电子商务发展的经验之后奋起直追，凭借中国的经济增长与人口红利，使电商零售成为现代零售发展中的重要部分。电商零售迎来了商品的大爆炸时代。基于商品化、信息化、城市化水平的进一步提升，基础设施、商品化、信息化、供应链已经达到较高水平，用户对于廉价、多选、便利的需求可以被同时满足。因此，电商平台公司、垂直电商公司、微商等一系列新业态形式得以产生。2003 年，淘宝、京东等电商平台正式成立，并借势当时较为特殊的情况一举完成了推广，我国从此正式进入电商零售阶段。在新技术助推下，零售业发展加快了步伐，网上订货、电子支付、送货到家以及移动化与无钞化逐渐成为国人的日常。

中国现代零售的开启主要源于两个因素：其一是改革开放取消了票证制度，释放了人们的购买力，同时让市场制度发挥作用，并引入外资企业为中国市场注入新活力。其二是信息技术的大力发展，互联网与电脑在中国的普及率逐步上升，为现代零售创造了良好的发展基础，信息化与网络化是现代零售的重要特征。现代零售将人、货、场三者创造出新的关系，不仅完成了商品化的扩大，也创造了新的购物场景，极大地释放了消费者在传统零售时期被压抑的消费潜力。

（三）新零售

新零售是零售业发展的一次重要转折，它是基于零售业发展成熟时期的一次转型。零售业快速发展几十年之后，基础设施、商品化、信息化、供应链的发展基本上已经处于成熟状态，原本的零售模式已经无法为零售业的发展带来新的动力，零售业发展到达一个瓶颈期，新零售便是突破瓶颈问题的一次大胆尝试。

2016 年 10 月，马云率先提出了新零售概念。2017 年 6 月，盒马鲜生北京首店开业，新零售时代拉开序幕。2017 年是中国线上线下融合的实践年。在消费升级以及数据驱动的大背景下，中国网络零售市场活力重现。2017 年，中国网络零售市场规模突破 6 万亿元，在社会消费品零售总额中占比达到 16.4%，同比增长 29.6%，多年以来增速首次回升。

新零售是目前区别于传统零售、现代零售的一种新型零售业态的概念表达。所谓新零售，就是应用互联网的先进思想和技术，对传统零售方式加以改良和创新，用最新的理念和思维，将货物和服务出售给最终消费者的所有活动。新零售是零售业基于大数据的一次高度进化完善，即企业以互联网为依托，通过运用大数据、人工智能等先进技术手段，对商品的生产、流通与销售过程进行升级改造，进而重塑业态结构与生态圈，并对线上服务、线下体验以及现代物流进行深度融合的零售新模式。

总体而言，新零售整体是一次以融合作为发展宗旨的对人、货、场的重构，即将线上线下场景相结合，打造一个 24 小时、多场景、全方位的零售新模式，给予消费者更多、更好的购物体验。当今时代，作为零售主要对象且起主导作用的人发生了巨大变化，人们对商品的要求越来越高，物美价廉的要求已经成为过去式。在人均收入不断上涨的今天，消费升级现象明显，原本的零售场所越来越不能满足人们的要求。同时，由于互联网技术的不断升级，人们的生活服务场景被不断优化，人们对生活品质的追求得到释放，更好的体验感、更方便的消费方式、更有品质的商品成为人们追求的方向。人们在多平台留下的数据行为使得用户画像更加丰富与精准。另外，随着城市化的推进，日常的繁忙使得人们希望有更多的娱乐休息时间。对于商品而言，其本质虽未发生改变，但与人的联系正在逐渐变化。数据化与信息化贯穿货物生产、运输、销售的整个生产流通过程，供应链不断优化，库存管控更加精细化，厂家与商家不再单纯追求品类的大而全和商品价格的低廉，而是更加注重商品的性价比与品质。商品呈现在消费者面前的方式开始更加多元化，与消费者建立的联系也更加多样。随着同城配送体系的健全，货品已经离消费者越来越近。消费场景更是将"融合"贯穿于革新的全过程。一是线上线下的虚拟场景与实体场景的交互融合，线上部分消费场景具有连接性、互动性，具有数据采集效用，为线下场景的优化提供了依据，同时线下消费场景可以优化巩固线上消费场景的黏性。线上线下全渠道的整合，不但提升了用户购买体验，更提高了场景的交易效率，货品周转率得到提高，库存风险得到管控。二是跨界场景融合，直播带货也成为零售的新场景，餐饮与零售的跨界融合也使零售场景进一步丰富。

新零售作为零售业的第四次变革，基于不断发展的大数据技术与互联网技术对人、货、场进行了重新的定义与构建。这不仅仅是简单的O2O模式的固态发展，而是全新意识的融合与发展，即为消费者构建更加多元化的消费场景，提供更好的消费体验感，以满足消费者日益增长的消费需求与品质要求。

二、中国新零售出现的动因

每一次零售的变革均伴随着一次技术变革和创新。从国际零售业的变革来看，传统的就近销售、现货交易效率较低，其背后是技术的落后。随着铁路技术的出现和快速发展，跨区销售、远程购买成为现实和时髦，因此产生了新型的零售形态，并能为顾客提供自由的退换货、试吃试用和货到付款，而邮购也是那时出现的。邮购在当时属于一种创新的零售，重构了人、货、场，让商流、物流、资金流和信息流更加通畅和高效率，因此可以说那时候的邮购是一种新零售。

汽车的出现推进了零售业郊区化的发展。郊区的地价便宜，让大型综合超市的经营变成了现实，既能满足消费者所有商品一次购齐的需求，也能满足消费者追求低价的需求。此时，沃尔玛出现了，其经营口号是"天天低价"。沃尔玛正是利用了汽车新技术来实现其经营的，其创建了大型综合超市这个新兴的"场"，以新的方式连接了"人"与"货"，又一次重构了商流、物流、资金流和信息流，效率又一次得到了提升。沃尔玛很快坐上了世界零售业的第一把交椅。我们可以说沃尔玛所代表的大型综合超市是 20 世纪的新零售。

2010 年以来，随着互联网、移动互联网、大数据和人工智能等多项革命性新技术的迅速崛起，零售业也发生了巨变，各种新业态、新零售形式层出不穷，商品与消费者的距离不断缩短，渠道发生巨变，以盒马鲜生、超级物种为代表的新零售快速发展，为消费者提供了全新的购物体验。这些零售业态不但销售了最新的商品，还开发其主力商品，如曾经的零售店中碳酸饮料、膨化食品、反季节蔬菜和水果是主流商品，而新零售店中各类不同口味和包装的酸奶和现做的"无添加"健康食品成了主力商品，消费群体的新消费习惯中，食品的营养价值是其最为关注的，绿色食品、纯天然食品和无污染有机食品是新零售主要开发的食品。

传统零售时代，主流消费群体主要追求物美价廉，购买高价值商品会选择海外代购和跨国购买，而新消费群体更加重视商品的个性化、消费的体验化、服务的差异化，能给消费者带来惊喜和独特体验是新零售追求的目标。与传统零售和现代零售相比，如今的新零售是科技赋能的、数据赋能的，零售商对消费者的了解是充分的，因此可不断创新经营模式、加快新商品上架的速度、加快商品的周转速度。依托大数据背景，零售业与其他服务业之间要加速融合发展。零售业的经营模式要不断创新，包括优化联营模式、管理精细化、营销多元化等。零售业要构建新的供应链，建立新的零供管理。传统零售下的零供关系，以渠道冲突为主，重点关注商品供应；新零售下的新零供关系，以合作为主，重点关注客户需求。新零售下的零供关系是一种战略合作关系，将原有的短期的利益博弈关系变为长期稳定的关系，实现供应链各方共同研究供应链、共同确定种植或生产什么商品，共同确定商品生产的产量，共同确定农产品的采摘规模和采摘时间，相互之间的信息共同度不断提高，减少双方库存，实现共同库存。

（一）新零售出现的内部动因

2016 年开始，我国零售行业发展面临新选择：对于实体零售来说，创新乏力、竞争同质化、运营成本攀升等众多压力共同来袭；而线上电商也由于互联网人口增长红利逐渐消失、瓶颈效应日益凸显等诸多原因陷入困境。

1. 竞争激烈倒逼传统电商创新发展

我国电子商务出现伊始恰逢移动互联网开始普及，庞大的人口基数与逐年攀升的移动互联网普及率，为线上电商带来了巨大的流量与红利，所有网民都是线上电商的潜在消费群体。但是，近些年由于网络普及已趋饱和、互联网人口增长红利触及"天花板"，加之新兴电商平台不断入场角逐，从下沉市场到中高端市场再到各个细分市场都充满了激烈的竞争，纯电商行业成为一片"红海"。对于新兴电商企业而言，它们或许可以布局细分市场与下沉市场，但是对于诸如阿里巴巴、京东这种传统电商巨头而言，布局细分市场与下沉市场并非最佳选项，其只有向前开拓全新零售业态，打造零售行业的新"蓝海"，才能实现可持续的发展。我国 2010—2019 年网上及连锁百强零售额与增速情况如表 3-1 所示。

表 3-1 我国 2010—2019 年网上及连锁百强零售额与增速情况

年份	网上零售		连锁百强销售	
	零售额/亿元	增速/%	销售规模/亿元	增速/%
2010	5 091	—	16 625	—
2011	7 826	53.7	16 507	-0.7
2012	13 110	67.5	18 664	13.1
2013	18 642	42.2	20 384	9.2
2014	27 908	49.7	21 000	3.2
2015	38 773	38.9	20 628	-1.8
2016	51 556	33.0	21 139	2.5
2017	71 751	39.2	21 824	3.2
2018	90 065	25.5	23 928	9.6
2019	106 300	18.0	25 950	8.5

资料来源：根据相关年份统计年鉴和 2010—2020 年连锁百强榜单数据整理而得。

据表 3-1 可知，我国连锁百强企业的销售规模在 2010—2019 年整体呈增长状态，中间部分年份略有震荡。从其销售规模增速可以看出，2011 年受网上零售冲击，连锁百强销售增速骤降至 -0.7%。从 2012 年开始，下降持续至 2016 年，增速降至 2.5%。2016 年新零售概念提出，线上线下进一步融合发展，为实体零售提供了发展的机会，连锁百强销售规模增速开始缓慢增长。然而，网上零售却逐渐趋于饱和与成熟。据表 3-1 可知，2010年，我国网上零售额为 5 091 亿元，2011 年增速为 53.7%，而 2016 年增速为 33.0%，2019 年网上零售额为 106 300 亿元，增速为 18.0%。究其原因可以发现，早期的电商并没有从根本上改变实体零售的运行逻辑，只是完成了一定程度的去中间化处理，从而缩短链条、提升效率、降低售价。但是，随着我国网络监管的持续完善、政策的不断收紧、平台提成的增加与转包分发模式的兴起，去中间化已然成为伪命题，传统电商的优势也渐渐消失。同时，传统电商存在着部分先天不足的劣势，如沉浸式、体验式购物的缺失，顾客购买商品缺乏体验感。此外，电商平台中充斥着假冒伪劣产品。上述弊端在追求实惠价格的消费时代并未凸显，但是随着消费 4.0 时代的到来，消费新生代的崛起而出现的体验式购物需求，传统电商对于高品质、高标准、精细化等追求的缺乏导致其越发被动。这种情况倒逼传统电商不得不开辟新兴市场，而新零售也在此环境下应运而生。

2. 科技赋能助力实体零售转型升级

近年来，我国电子商务发展迅猛，随之产生大量呈爆炸式增长的数据，传统数据处理的方式明显已不能满足电商企业，大数据、云计算技术应运而生。大数据可以简单解读为大量数据。云计算是一种计算模式，即基于因特网，提供增加、使用和交互相关服务的模式。在云计算基础之上进行的大数据处理可以对海量数据进行功能强大的、全面的信息检索，并且可以识别出个性化和差异化需求，能够实现商品及服务的精准推送。阿里巴巴首席执行官张勇指出，新零售是利用大数据和互联网，对传统零售要素人、货、场的重构，未来商业的线上与线下、虚拟与实体之间不再有明显的分界线。在新零售模式中，云计算与大数据可以更好地识别客户、理解消费者、优化产品及服务，能够帮助人们正确地重构人、货、场。新零售的发展离不开以大数据、云计算为核心的信息技术的支持。继亚马逊、阿里巴巴等巨头之后，谷歌也开始进军新零售，其通过开放数据平台直接和零售企业合作，以期得到第一手线下数据，实现"线上+线下"的数据闭环，最终达到两者融合。利用大数据及云计算等先进技术，对信息进行快速收集、存储、分析以及处理，对电商数据进行实时精准挖掘且深入分析，这将是新零售时期商家竞争的关键点。表 3-2 按照时间顺序，整理了苏宁易购科技投入与新零售业态变化，可以从中看出科技赋能对于实体零售企业发展的重要影响。

表 3-2 苏宁易购科技投入与新零售业态变化

年份	科技投入增速/%	投入形式	新增新零售业态	科技与零售融合程度	营业收入/亿元
2010	21.6	线上购物平台	线上零售	较低	755
2011	25.55	线上购买平台 互联网产品	线上零售 线上金融	较低	936
2012	29	线上购买平台升级 互联网产品 互联网支付	线上零售 线上金融 线上支付 线下体验店	有所提高	983
2013	33	线上购买平台优化 移动互联网应用程序 互联网支付 金融保险产品	线上零售 移动购物 苏宁红孩子 O2O	明显提高	1 054
2014	39	线上购物平台优化 应用程序优化与升级 移动支付与金融保险 智慧物流	线上零售 移动购物 苏宁极物	较高	1 089
2015	37	线下实体店智能化 线上购物平台优化与 应用程序升级优化 移动支付与金融保险等 多品种产品 智慧物流 数据仓库建设	线上零售 线下零售智慧店 苏宁生鲜	高	1 356
2016	50.1	线下实体店与线上购物的 融合创新 移动支付、店内支付融合 金融与保险产品升级 智慧物流 线上线下数据仓库升级 5G 应用	O2O 智慧物流	高	2 692
2017	44	线上线下融合发展 人脸识别技术 大数据 人工智能+零售 5G 技术创新	苏宁小店	高	1 879

表3-2(续)

年份	科技投入增速/%	投入形式	新增新零售业态	科技与零售融合程度	营业收入/亿元
2018	80.81	人工智能与零售、物流深度融合 物联网技术 可视化与可追踪技术 微仓技术 5G技术 客服机器人	苏宁极物	很高	2 450
2019	62.19	人工智能 5G与智慧门店的融合 大数据广泛应用 移动互联网与5G的融合	家乐福社区中心	很高	2 692

资料来源：根据相关新闻、报道等网络资料整理而得。

从表3-2可以看出，整体上苏宁易购的科技投入增速持续攀升。2014年以前，苏宁易购的科技投入主要集中于线上平台、线上支付、线上金融等方面，与当时的电子商务热潮相契合。但是，随着传统电商弊端的逐渐显现，2015年苏宁易购的科技投入开始转向线下智能店铺、智慧物流、移动支付与店内支付等方面。这一过程也反映出苏宁易购的科技投入与零售的融合度也在不断增长。从表3-2可以看出，苏宁易购的科技投入与其营业收入也有很大的关系，2017年科技投入增速趋缓，其营业收入也有所下降。据此可以看出，传统零售商在发展过程中，拥抱科技、加大科技投入，可以促进其进一步发展，而在这一过程中，也驱使新零售不断发展。

从表3-2苏宁易购的例子中可以看出，前期电子商务迅猛发展带来的数据资源以及大数据、云计算等技术革新，为实体零售的转型升级带来了机会。但是，实体零售也存在着诸多问题，加之受全球经济形势影响，实体零售转型升级已经是必然选择。具体来说，首先，实体零售的供应链相对过长，这从根本上导致实体零售的供应成本较高，产品品质也难以得到保证。其次，目前的实体零售行业同质性竞争较强，没有依托科技创新，未能深耕消费者需求，无法进一步开发消费者市场，导致实体零售难以维持。最后，实体零售行业的运营管理效率相对较为低下，门店经营往往依托经验，其信息化程度不高、创新意识不足。总之，目前的实体零售行业应依托科技赋能，进一步转型升级。

（二）新零售出现的外部动因

推动新零售出现的外部动因主要是经济、政治、科技、文化等领域的变化，经济发展进入新常态、科技持续创新、新消费群体的新消费观等催生新零售。

据图 3-1 可以看出，新零售出现的外部动因主要分为经济、政治、科技、文化四个方面。其中，经济方面主要是指我国经济进入新常态，在新发展格局下，经济环境的变化催生新零售；政治方面主要是指流通创新政策有利于改善零售商品结构，中高端、健康商品需求的增加与新零售概念相契合；科技方面主要是指我国科技的持续创新，大数据、云计算的发展为新零售的发展提供了技术支持；文化方面主要是指我国消费群体结构性变化，产生消费观念的转变，也就催生了新零售的萌芽。

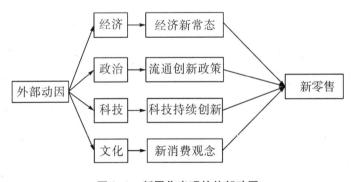

图 3-1 新零售出现的外部动因

1. 经济环境变化催生新零售

2015 年以来，我国经济发展迈向全新阶段，相较改革开放初期，人民的物质文化消费得到了长足发展。但是，从总体来看，我国物质文化供需仍然存在结构性矛盾，其具体表现在中低端供给过剩、需求不足形成大量无效供给，高端供给不足、对外依存度高。鉴于此，国务院在 2015 年 11 月 10 日宣布开启供给侧结构性改革进程，推动供给侧提质增效、扩大有效供给。紧接着在 2016 年 11 月 11 日，国务院办公厅印发了《国务院办公厅关于推动实体零售创新转型的意见》，明确了推动我国实体零售创新转型的指导思想和基本原则。2017 年的政府工作报告中也说明了要"推动实体店销售和网购融合发展"，这正是新零售的核心内容之一。

经济环境变化催生新零售示意图如图 3-2 所示。

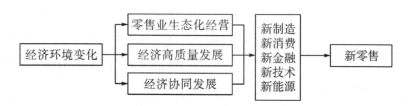

图 3-2   经济环境变化催生新零售示意图

供给侧结构性改革的大力推进，将资源要素进行了优化配置，让更多的劳动力、资本、金融、技术流向中高端产能，有效调整了经济结构，进而提升了经济增长的质量。这为零售行业创新转型、新零售的孕育成长创造了稳定向好的宏观经济大环境，也使得新零售本身获得了更多资源要素的倾斜。《国务院办公厅关于推动实体零售创新转型的意见》在促进线上线下融合发展方面强调，建立适应融合发展的标准规范、竞争规则，引导实体零售企业逐步提高信息化水平，将线下物流、服务、体验等优势与线上商流、资金流、信息流融合，拓展智能化、网络化的全渠道布局。这些内容与新零售的特征高度吻合。

2. 流通创新政策是新零售发展的契机

近年来，我国制定和推行了多项流通相关政策，为零售的发展提供了良好的政策环境。特别是应对商贸流通领域存在的基础设施不合理、市场资源配置扭曲等问题，"中国流通 2025 行动纲领"提出补齐流通短板，让流通更好地服务于生产。国际国内双循环的发展格局给我国新零售的发展提供了契机。我国的流通体系需要不断进行现代化改造并逐步完善，现有的流通体系已无法满足流通渠道变革的要求。国内流通业的重要性不断凸显，零售业作为终端环节，创新是必然选择。

由图3-3可以看出，在国内方面，我国的流通政策存在利好。2019年，《国务院办公厅关于加快发展流通促进商业消费的意见》提出："促进流通新业态新模式发展。顺应商业变革和消费升级趋势，鼓励运用大数据、云计算、移动互联网等现代信息技术，促进商旅文体等跨界融合，形成更多流通新平台、新业态、新模式。引导电商平台以数据赋能生产企业，促进个性化设计和柔性化生产，培育定制消费、智能消费、信息消费、时尚消费等商业新模式。"此类政策为新零售的发展提供了利好的政策环境。在国际方面，贸易争端和发达国家贸易壁垒给我国新零售的发展带来挑战的同时也提供了一定的空间。我国新零售企业主要提供健康、绿色的中高端商品，而新的消费群体的诞生促使新的消费观念产生，这也使得消费者对于中高端商品的需求上升。这两者的变化为新零售的发展提供了广阔的空间。

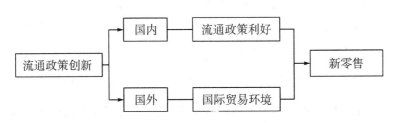

图3-3　流通政策创新与新零售发展示意图

3. 技术革命驱动新零售的产生

"端"（移动终端、个人电脑端等）、"管"（5G）、"云"（云计算、大数据等）构建起了软硬件结合的、以数据驱动为核心的"互联网+"社会基础设施，为新零售的产生搭建了平台。新技术是新零售的数据根基，新科技带来的最大变化是提升用户体验的同时提高零售企业的运营效率。例如，在消费者端，新科技可以监控消费者行为，获得精准的用户全息画像，实现精准营销，为消费者提供"有用、有趣、有心"的产品或服务，增强用户黏性。企业也可以充分运用自身的交易数据，发现新老客户的变迁情况，掌握具体品类与产品的销售情况，调整生产计划。这种数据驱动策略目前已经被大量零售企业采用。技术催生新零售示意图如图3-4所示。

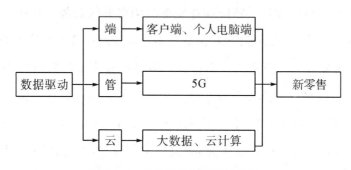

图3-4　技术催生新零售示意图

人工智能、大数据、云计算、区块链、冷热链物流等新兴科技在近些年获得了蓬勃发展，并且深度嵌套融入各行各业之中，为产业升级做出了巨大贡献。同样，这些高新技术也可以与零售业进行深度融合，为新零售的发展提供强大的科技驱动力。大数据是一种相对于小数据的概念，指的是无法在一段时间内通过常规统计方法或统计软件进行捕捉、挖掘与分析的海量数据集合。云计算是一种分布式计算，可以将海量数据分解成无数小程序，之后通过由多台计算机组成的系统来处理和分析这些小程序并形成结果返回给用户。人工智能的其中一个重要功能就是基于数据分析结果进行机器学习，进一步形成分析模型来辅助甚至是代替现实人工决策。大数据、云计算、人工智能三者紧密联合，便可以为新零售各部门、各环节提供更高效率和更低成本的决策方案。

4. 消费群体结构变革引爆新零售

消费观念可以促进消费需求的产生，消费需求是新零售的牵引力，消费者的变化带来零售市场的变化，新零售也就应运而生了。消费者的变化主要体现在消费者结构变化、消费升级、消费偏好的变化。

目前，我国的消费年龄结构逐渐年轻化，主力的消费人群是"80后""90后""00后"，网络消费趋势更为明显。我国网络消费者中，10~40岁的消费者占比为75%。同时，我国的老龄化市场也不能小觑。按照国际标准，65岁以上的人群占比超过7%，社会就进入老龄化社会。自2001年我国进入老龄化国家的行列以来，人口老龄化程度逐渐加深，未来65岁以上人群的消费市场也会随之不断扩大。此外，"4+2+1"或"4+2+2"的家庭结构也决定了未来老年人的市场空间巨大，婴幼儿市场的潜力可期。根据国际标准，我国已经于2010年进入严重少子化阶段，随着"二孩政策"的不断推进乃至"三孩政策"的实施，政策带来的效果逐渐显现。加之年轻父母对婴幼儿教育、健康的重视，我国婴幼儿市场未来潜力值得期待。

从某种意义上说，新零售是新技术对传统零售行业进行的深度融合与深度改造，科技赋能是新零售最为显著的特点。新零售的产生也离不开社会客观环境发生的深刻变化。党的十九大宣布我国发展已经迈入了新时代。新时代在经济领域所体现出来的便是更高的经济发展水平与更高的居民消费水平。

5. "新消费"催生新零售

伴随着我国居民收入水平的不断提升、中产阶层的持续扩大以及以"90后""00后"为代表的"消费新世代"的崛起，我国迎来了新一轮的消费升级，中国国民消费步入4.0时代。在消费4.0时代，消费者不仅仅关注消费品的效用，而是会将更多的关注点放在消费品的附加价值之上，如品牌、设计甚至是消费品所蕴含的特定精神文化内涵，这是一种超越纯粹品质追求的消费观念。在这样一种背景之下，社群化购物、品质化购物、个性化购物与体验式购物都成为关键标签。

高端多样的需求引导着零售行业做出新的改变，传统实体零售与线上电商都难以完美地满足新常态下消费者的全新要求，消费升级也就成为新零售突围的方向。

社群的概念由来已久。在互联网出现后，人与人之间的交流变得容易起来，往往会有一群志趣相投的人在一起交流相关话题，形成一个个社区或论坛，这便是最早的网络社群。近年来，随着移动互联网的不断普及，网络社交时代与自媒体时代的交织碰撞逐渐培育出一种全新的社群生态，我们称之为社交电商或社群电商。这种社群中往往会存在一位"意见领袖"（KOL），他们活跃于各大直播、短视频平台，以"带货"形式向受众宣传产品，带动销售。接受产品的受众往往被称为"流量"，他们围绕在"意见领袖"周围形成或松散或紧密的社群关系，这样一种对人、货、场的重构模式也成为新零售的一个特点。

在 2018 年我国居民便实现了由实物型消费向服务型消费的转变，这标志着我国居民消费品质的逐渐升级。与消费 3.0 时代的消费者所追求的纯粹的高品质商品不同，消费 4.0 时代的消费者将更多的关注点进行了扩展延伸，进一步丰富了品质化的内涵。因此，品质化购物主要体现在两个方面：一是消费者对品牌的敏感度增强，二是消费者对绿色、健康、环保的消费需求扩大。

对于现阶段的中国消费者而言，收入的增长提升了其购买力的自由度，互联网时代的纵深发展为其提供了更为丰富的信息支持，买方市场的高级化与全面化推进使其拥有更高的自主发言权，独立个体的追求多元化促成了其需求的多样化与个性化。

中国社会的消费已经由大众化时代进入个性化时代。个性化时代的最大特点便是以消费者为中心的需求导向式供给，这颠覆了工业社会时代供给决定需求的零售模式。在互联网时代，每一种商品与服务的供给都将基于大数据（以消费者历史消费决策数据、消费偏好数据为主）来实现。在大数据指导之下，从生产、物流到零售终端等各部门和各流程将会构建出一个高效协同的网络，这一协同网络的动态优化可以实时创造一条按需定制的供应链，来满足任何时间、任何地点的个性化消费需求。由此，个性化需求与科技结合催生出的柔性供应链系统也为新零售重构人、货、场提供了理论引导。

有别于电商出现前"看得见、摸得着"的体验式购物，此次体验式购物的回溯所带来的需求层次更为高级，涵盖了听觉、触觉、视觉、味觉等多方位需求。这也就意味着购物已经不仅仅是单纯的消费行为，而更应该是一种休闲娱乐行为，这在电商零售与传统实体零售中都是不可能实现的。为了顺应这一全新的购物需求，打造出一种以满足消费者各感观体验的沉浸式购物场景也成为新零售变革的目标之一。

6. 新技术与零售业的融合产生新零售

前已述及，大数据、云计算、人工智能三者紧密联合，便可以为新零售各部门、各环节提供更高效率和更低成本的决策方案。以盒马鲜生为例，盒马鲜生依托于阿里系强大的购物互联生态系统，一方面可以通过账号联动获取消费者线上消费数据（淘宝、天猫、饿了么等），另一方面可以依托会员系统精准筛选消费者线下门店消费数据。这些海量信息将不间断地被上传至阿里云进行云端处理分析，通过云计算的数据挖掘能力，提取出有价值的信息集合再返回到盒马鲜生的人工智能系统，进行机器学习与数据分析，构建出属于每个消费者的特定研判模型，为精准推荐、个性化定制乃至生产决策提供强人的数据支撑。盒马鲜生全流程实现高度自动化、智能化，相较于传统零售决策模式，拥有更高效率与精确度。

区块链从本质上来说，是一个共享的数据库，其中的数据具有"不可伪造""全程留痕""可以追溯""公开透明""集体维护"等特征。基于这些特征我们可以很好地解决关于传统零售中供求双方信息不对称、新零售大数据导致的个人隐私泄露风险等问题。有了区块链作为技术支撑，整个市场将构建出更加透明公开的信息共享网络，消费者与商家之间的信息交互更加安全放心，有助于进一步提升供给的有效性。新零售系统中的生产、物流与零售终端等各个环节的合作也将更加透明公开，将促成更加紧密无间的协同网络。

高品质生鲜是目前新零售布局最多的领域之一，而要想保证生鲜的高品质，运输过程中的保鲜则是至关重要的。基于大数据的现代物流配送体系为生鲜保鲜提供了高效的解决方案。首先是以顺丰空运为代表的现代国际航空物流让生鲜新零售实现快速全球直采，确保优质货源供应；其次是国内冷链物流系统有效确保了生鲜品质降低损耗；最后是城域冷热链物流有效确保了配送过程生鲜及其制成品的新鲜度。除了保鲜技术外，现代物流配送体系的另一个关键底层技术便是大数据，通过大数据与云计算，相关物流配送服务可以在最短时间内获取最优配送方案与最佳配送组合，极大提升了物流效率、降低了运营成本，从而间接为新零售的发展提速增效。

7. "资本+政策扶持"，新零售借势而上

新零售的高科技与超现代特点使得其进入门槛远高于传统零售，一套可以完整连通生产、流通、销售等各个环节，实现线上与线下两个端口高度融合的数字化协同网络的搭建就需要巨额资本投入才能顺利开展。因此，新零售的背后必定少不了资本市场的推力。前面说过，新零售作为一种零售新业态成为许多零售业巨头争先布局的新"蓝海"，巨头的角逐引来了投资银行的关注，大量的资金涌入，使得新零售这个领域风口频现。以 2017 年新零售元年为例，零售行业大额投资并购事件层出不穷，在第四季度更是达到了千亿元级别，平均单笔融资从 2015 年的 0.8 亿元提升至 2017 年的 3.94 亿元。其中包括了腾讯战略投资美团、永辉超市，阿里巴巴战略投资大润发和并购高鑫零售等事件，这些都对后续新零售格局产生了深远影响（见表 3-3）。

表 3-3　阿里巴巴与腾讯投资新零售企业情况表

业态	阿里巴巴投资	腾讯投资
零售新业态	易果生鲜、盒马鲜生、猩便利	超级物种：每日优鲜便利购
		小米：小米之家、最生活、趣睡科技
		京东：京东之家、天天果园、七鲜
电商平台	淘宝、天猫、聚划算	小米、凡客诚品、口袋购物、尚品网
	苏宁易购、闲鱼、喵街	京东、京东到家、寺库、一号店
	猫宁电商、飞猪、一淘	拼多多、每日择鲜、回收宝、微店
	小红书	小红书
	美团点评	美团点评
	卷皮网	卷皮网
传统零售平台	大润发、东方股份、银泰商业集团	永辉超市、华润、沃尔玛
	三江购物、联华超市、海尔家居	家乐福、麦德龙、名创优品
	纽仕兰新云、新华都	每日优鲜便利购、红旗连锁
物流	菜鸟网络、点我达、沃天下	华南城、满帮集团
	汇通达、中通快递、速递易	京东物流、人人快送
	圆通快递、冠庭国际物流	货拉拉、啦啦快送
支付方式	蚂蚁金服	微信支付

资料来源：根据联商网、中国零售网以及各公司网站公开资料整理而得。

　　通过我国与欧美国家一级市场的同期对比可以发现，我国新零售领域资本关注度正在以较快速度提升。重点关注领域集中在以下三个方面：

　　第一，新零售基础设施。新零售基础设施包括流量、物流、支付、物业和技术五大方面，它们是新零售得以良性可持续发展的关键基础。对这一领域进行投资的主要是阿里巴巴、腾讯、亚马逊等互联网巨头，他们往往都拥有社交、移动支付、数字技术等一个或多个领域的专业经验积累。

　　第二，新零售市场集中度。在一二线城市，新零售的竞争趋向白热化，以腾讯与阿里巴巴为代表的巨头将进一步加强市场集中度，因此对于行业龙头的投资也是一大热点。

第三，新零售新赛道。新零售在一二线城市的布局基本成熟，下沉市场是必然选择，三线以下重点城市将是新零售的新赛道，资本集团的关注点也将随之转移。虽然下沉市场消费能力不及一二线城市，但是由于市场的广阔性，其会创造出远大于一二线城市的消费总量。

三、国内外新零售发展的现状研究

（一）国外新零售发展的现状

1. 国外新零售发展规模

随着移动互联网使用率的提高，网络购物迅速发展，消费模式渐渐由线下变为线上。在此背景下，国外的零售企业通过线上线下联合，并不断完善消费者的消费体验和服务，调整业态分布，改变营销模式和增值服务，将市场不断细分，从而适应市场、占领市场。

欧洲连锁经营已进入成熟阶段，从大型连锁零售企业所占份额来看，英国和德国的发展处于成熟阶段，两国的大型连锁零售企业的市场份额超过60%，而且零售业市场的集中度也超过25%。法国与前两者相比稍微逊色，但是法国的零售业市场的集中度也在20%左右。总体来看，欧洲国家的零售业发展处于世界的前列。相比欧洲国家的零售业来说，美国的零售业整体上的发展也比较成熟，并且仍有较大的发展空间。美国的大型连锁零售企业的市场份额占到了60%，并且继续向少数的大型零售企业集中。日本的零售业相比欧美的零售业，发展较为落后，大型零售企业在行业中的比重仅在30%左右[1]。

---

[1] 关利欣. 国外零售业发展八大趋势 [J]. 商业文化，2016（15）：37-42.

国外除了大型零售企业大放光彩之外，小型业态也在不断发展。美国的大型连锁超市的销售额有逐渐下降的趋势，而取而代之的是小型零售业。沃尔玛在大学里开设了各种小型购物店铺，并且建立了沃尔玛邻居市场等中型购物店。欧洲一些国家的便利店以 6.5% 的销售增长率迅猛发展。欧美各国的零售业借助网络，带动传统零售，全渠道、多层次发展。英国和美国的品牌商和零售店线上线下共同发力，将网络、实体店、销售渠道充分融合，从营销宣传、移动端购物、线下体验着手，欧美零售业正在努力实现无缝对接。

2. 国外新零售的形式

新零售是以消费者为中心的，而以消费者为中心的方式有很多种。

第一种，利用人工智能和虚拟现实技术来增强人们的消费体验。一些美妆行业利用虚拟现实技术使得消费者在短时间内可以体验不同的化妆品的效果，极大提高了消费者的体验效率。美妆行业的消费主体通常是极具个性化的年轻人，因此采用高科技手段来创造一些引人注目的消费体验模式，既可以吸引消费者，又可以扩大宣传。

第二种，从田间到餐桌的服务，消费者尽享田园乐趣。意大利的著名餐饮公司 Eately 创立了 FICO 美食主题公园，采用"餐饮+超市+市场"的零售模式。在极具艺术设计感的公园里，各种餐厅和小吃店林立其中，饮食种类十分丰富。FICO 美食主题公园还将农田养殖场与超市合为一体，让消费者看到实物从种植到餐桌上的全部过程，既使消费者体验到新农业的趣味性，又使消费者对食物的安全性和新鲜程度产生信任。此外，FICO 美食主题公园还在园内开设美食课程，为长期处于大城市的人们提供农业学习的机会。FICO 美食主题公园不仅有这样"接地气"的设计，还经常举办各种美食品鉴会、商务会议等活动①。

---

① 张一麟. 国外的"新零售"做得怎么样？[J]. 新营销，2018（4）：22-23.

第三种，利用大数据和"互联网+"打造品牌，满足消费者的需求，培养忠实用户。英美等国的一些大品牌商通过打造自己的品牌，升级产品，形成品牌效应，并利用消费者的消费数据，设计更加有针对性的产品以吸引客户，增加消费者黏性。

（二）中国新零售发展的现状

1. 中国新零售的总体规模

2017年，中国网络零售市场规模突破6万亿元，在社会消费品零售总额中占比达到16.4%，同比增长29.6%，多年以来增速首次回升。其中，专业店的发展较为迅速。人们的消费越来越精准化，对于产品和企业的要求也越来越高，因此人们更倾向于选择专业店。此外，生鲜业发展也不容小觑，根据艾媒咨询数据，2019年中国生鲜市场交易规模约2.04万亿元，生鲜电商行业交易额为1620亿元，线上渗透率约为7.9%。2020年，受新冠肺炎疫情的影响，生鲜电商的交易额不断上升。与此相反，近几年百货零售业发展速度放缓。

从2017—2019年中国连锁百强新零售前列企业（见表3-4）数据中可以看到，苏宁易购集团股份有限公司一直稳居榜首，除苏宁易购集团股份有限公司外，国美零售控股有限公司、红星美凯龙家居集团股份有限公司、居然之家新零售集团股份有限公司、物美科技集团有限公司等专业店的排名都比较靠前，苏宁易购集团股份有限公司2019年的销售额达到37 874 000万元，且2017—2019年销售额不断增长。沃尔玛（中国）投资有限公司等大型综合超市零售业态虽然仍排在前列，但是销售额却存在增长缓慢甚至不断下降的趋势。步步高集团、银泰商业（集团）有限公司等多业态新零售公司2017—2019年的销售额一直处于增长状态。专业店有着聚变和裂变的特点，而一些专业店也开始向着多业态零售店发展。

表 3-4　2017—2019 年中国连锁百强新零售前列企业

单位：万元（含税）

公司名称	2017年销售额	2018年销售额	2019年销售额
苏宁易购集团股份有限公司（专业店）	24 334 300	33 675 700	37 874 000
国美零售控股有限公司（专业店）	15 369 108	13 818 365	12 764 600
红星美凯龙家居集团股份有限公司（专业店）	2 004 437	2 481 753	12 563 318
华润万家有限公司（大型综合超市）	10 364 573	10 125 379	9 510 000
永辉超市股份有限公司（大型综合超市）	6 539 986	7 676 773	9 315 003
沃尔玛(中国)投资有限公司(大型综合超市)	8 027 818	8 048 950	8 228 000
居然之家新零售集团股份有限公司（专业店）	—	7 100 000	8 111 000
中石化易捷销售有限公司（便利店）	5 195 000	6 200 000	7 000 000
重庆商社（集团）有限公司（多业态）	5 828 076	6 748 882	6 042 103
联华超市股份有限公司（大型综合超市）	5 645 987	4 922 938	5 463 022
物美科技集团有限公司（专业店）	4 745 218	4 834 371	4 985 331
长春欧亚集团股份有限公司（大型综合超市）	4 244 648	4 536 925	4 771 908
步步高集团（多业态）	3 709 413	3 901 253	4 152 575
上海盒马网络科技有限公司（盒马鲜生）	35 000	1 400 000	4 000 000
武汉武商集团股份有限公司（多业态）	3 751 337	3 830 546	3 871 499
王府井集团股份有限公司（大型综合超市）	3 372 063	3 404 203	3 521 344
银泰商业（集团）有限公司（多业态）	2 291 282	2 990 907	3 427 760
中百控股集团股份有限公司（大型综合超市）	3 319 477	3 324 353	3 342 459
银座集团（现代百货）	1 521 644	3 744 251	3 323 176
家乐福（中国）管理咨询服务有限公司（大型综合超市）	4 975 594	4 746 375	3 128 448
石家庄北国人百集团有限责任公司（多业态）	3 000 845	3 054 528	3 100 347
利群集团股份有限公司（多业态）	2 491 708	2 653 669	3 038 679
天虹商场股份有限公司（多业态）	2 648 196	2 767 135	2 919 792

资料来源：根据《中国连锁百强榜单》相关资料整理而得。

2. 中国新零售与传统零售的规模变化

自新零售产生起，我国约 95% 的大型实体零售企业，尤其是以百货超市、大卖场和购物中心为主的实体零售企业受商业模式的约束以及在电子商务网上渠道的冲击下发展艰难。同时，消费者的数字化程度不断提高，消费品的线上渗透率不断提升。我国新零售起步于 2016 年，多家实体零售企业开始尝试接入美团、饿了么，门店开始使用互联网技术改装，电商也纷纷试水线下门店，购物中心和便利店进入高速增长期。

随着移动互联网和物流的持续发展以及各大网络营销活动的推广，线上购物已成为日常生活中必不可少的部分，我国线上消费零售额持续增长。2015—2019 年，我国线上零售额从 27 898 亿元增长至 106 324 亿元，线上零售额虽然持续增长，但是不可否认的是近年来线上高增长阶段已触及"天花板"，2015—2019 年线上零售额增速放缓。线上零售无法取代线下实体零售，线下实体零售整体有所回暖。单纯依靠线上或线下已难以实现长远的发展。事实证明，新零售才是未来零售业发展的主流。

3. 新零售各形式的发展态势

（1）社交零售。社交零售是基于移动互联网的空间，借助社交软件工具，以人为中心，以社交为纽带的新商业，是利用个人社交圈进行商品交易及提供服务的新型零售模型。在移动互联网时代，以微信为代表的社交应用程序全面普及，成为移动端最主要的流量入口。这些社交平台占据了用户的大量时间，用户使用频次高、黏性强，流量价值极高。社交电商的高效获客和裂变能力吸引了众多企业加入。2018 年，社交电商成为资本的宠儿，拼多多、云集、蘑菇街等社交电商的上市更是将社交电商推上风口，行业规模快速增长。2018 年，中国社交电商行业规模达 6 271.1 亿元，同比增长 255.8%，在网络购物市场中的比重不断上升。随着社交流量与电商交易的融合程度不断深入，社交电商占网络购物市场的比例也不断增加。2015—2018 年，社交电商占网络购物市场的比例从 0.1% 增加到了 22%。

从表 3-5 中不难看出，自 2015 年起，社交电商行业规模不断增加，到 2020 年，社交电商行业规模达到了 24 874.1 亿元。2016—2019 年，社交电商规模增速均大于 100%。2016—2017 年社交电商规模增速不断上涨，2018 年后社交电商规模增速开始放缓。与此同时，2015—2020 年，社交电商占网络购物市场的比例不断上升，2020 年该比例达到 22%。

表 3-5 2015—2020 年中国新零售（社交电商）规模及占网络购物的比例

年份	社交电商行业规模 /亿元	社交电商规模增速 /%	社交电商占网络购物 市场的比例/%
2015	46.9	—	0.10
2016	225.1	379.96	0.40
2017	1 761.9	682.72	2.50
2018	6 271.1	255.93	7
2019	13 954.7	122.52	13.10
2020	24 874.1	78.25	22

资料来源：根据中国连锁经营网、中国零售网、艾媒咨询网相关数据整理而得。

（2）直播电商。2016 年 3 月，蘑菇街首次上线视频直播功能，开启了直播电商模式。2016 年 5 月，淘宝也推出了淘宝直播，京东、唯品会紧随其后。这一年，国内接连出现了 300 多家网络直播平台，直播用户数量也快速增长。适逢电商平台遭遇流量瓶颈，各大平台积极寻求变革，想要尝试一种电商内容化、电商社区化的模式，直播平台的出现让这种尝试得以落实。快手、斗鱼等直播平台则与电商平台或品牌商合作，布局直播电商业务。2018 年"双 12"期间，淘宝直播一晚帮助贫困县农产品交易额突破 1 000 万元。2019 年，直播电商市场规模达到 4 338 亿元，同比增长 226.2%。从渗透率来看，2019 年直播在电商市场中的渗透率仅为 4.1%，这说明直播电商还有较大的增长空间。

从表 3-6 中不难看出，自 2017 年起，直播电商市场规模不断增长，在 2020 年达到 9 610 亿元，但是直播电商市场规模的同比增长率逐渐放缓。与此同时，直播网络用户规模也在不断增长，在 2020 年达到 55 982

万人,且直播网络用户规模同比增长处于上升趋势。随着移动互联网的发展和直播用户的扩大,"直播带货"现象越来越普遍。受 2020 年新冠肺炎疫情的影响,直播电商的形式越来越多样化。

表 3-6　2017—2020 年中国直播电商规模

年份	直播电商市场规模/亿元	同比增长/%	直播网络用户规模/万人	同比增长/%
2017	190	—	42 209	—
2018	1 330	600	39 676	-0.06
2019	4 338	226.2	43 322	9.19
2020	9 610	121.5	55 982	29.22

资料来源:根据联商网、艾媒咨询网相关数据整理而得。

经过几年时间的发展,越来越多的电商平台、视频直播平台、多频道网络(MCN)机构、品牌厂商参与到直播电商行业,直播电商产业链基本成型,直播电商行业进入高速发展期。淘宝直播带货能力在 2019 年全面爆发,连续三年直播引导成交增速 150% 以上。这是 2018—2020 年全球增长最快的电商形式。截至 2020 年 3 月底,我国网络直播用户规模达 5.60 亿人,较 2018 年年底增长 1.63 亿人,占网民总体的 62.0%。

(3)垂直电商。垂直电商针对某一人群或某一产业,提供专业化的服务。我国垂直电商经历了 B2C 模式、B2B 模式,到现在的 O2O 模式,相比综合电商,垂直电商最大的特点就是市场细分的差异化和产品的差异化,即通过给消费者提供有针对性和专业化的服务,增加用户的黏性。垂直电商主要分为两类:一类是自主生产,在网上设立自己品牌的商城,如小米、格力等公司;另一类是以经销为主,如苏宁、国美等凭借线下实体店,提供品牌质量和售后保障。

相比综合电商,垂直电商在规模上难以与综合电商相抗衡,因为垂直电商追求的不是规模大小,而是满足用户的细分需求。基于这一特点,大部分垂直电商做到了产品的相对垂直,没有深耕自身的运行特点,在"价格战"和"规模战"上略逊一筹,不少老牌垂直电商退出了市场。2020年3月、4月、8月垂直电商应用程序用户活跃度如表3-7所示。

如表3-7所示,垂直电商应用程序中,以二手买卖为主的闲鱼的用户活跃度始终排名第一位。2020年8月,闲鱼的活跃人数为5 014.73万人。因为闲鱼主要是用户之间的二手买卖,交易物品涵盖范围极广,所以能够吸引较多的人群。华为商城和小米商城分别排名第二位和第三位,华为商城和小米商城的用户活跃度在表3-7中呈现此消彼长的状态。大部分的垂直电商应用程序的活跃人数都处于增加趋势,且3月份环比增幅最大。

相比老牌垂直电商和奢侈品牌的垂直电商,二手市场的垂直电商发展较为迅速,但是这仅仅表现在活跃度上,二手平台的成交额相比活跃度略为滞后。这是因为二手平台用户往往只是在平台上比较活跃,平台采用的大多是B2B模式,商品在质量上无法保障。发展较快的垂直电商是苏宁、小米等以数码产品和电器为主的垂直电商。由于垂直电商的多元化发展,这些大牌垂直电商有向综合电商发展的趋势。

表3-7 2020年3月、4月、8月垂直电商应用程序用户活跃度

垂直电商	3月活跃人数/万人	4月活跃人数/万人	8月活跃人数/万人	3月环比增幅/%	4月环比增幅/%	8月环比增幅/%	排名
闲鱼	4 878.3	5 118.05	5 014.73	182.45	4.91	-0.44	1
华为商城	1 565.13	1 511.31	1 551.63	191.42	-3.44	-2.04	2
小米商城	1 351.33	1 355.21	1 383.52	-56.94	0.28	0.79	3
阿里巴巴	1 181.22	1 223.72	1 212.77	120.03	3.59	-0.55	4
蘑菇街	1 075.29	1 120.25	1 167.43	6.76	4.18	0.40	5
转转	946.94	982.66	1 025.08	5.28	3.77	2.89	6
微店	484.16	488.52	491.08	181.30	0.90	-1.33	7
聪慧采购通	438.53	426.69	419.84	5.26	-2.75	1.33	8
识货	316.96	320.69	319.39	195.53	1.17	-1.97	9
交易宝	284.25	288.76	297.48	258.93	1.58	2.07	10

资料来源:根据各企业公开报道的资料整理而得。

（三）中国新零售的模式研究

新零售是通过全渠道获客，利用大数据统计、人工智能、智慧门店高效物流，实现线上线下无缝对接，重新赋予门店功能，搭建全新消费链接的一种营销方式。新零售的核心就是满足客户时刻变化的个性化需求，同时新零售还需要产业上下游之间良好的配合与合作。新零售的商业模式主要有以下三种：

1. 供应商主导型

供应商主导型是指企业自己拥有完整的从生产到销售的商品供应链和价值链，打造自己的品牌，提供产品的各种体验升级（见图3-5）。

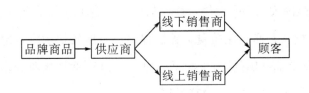

图3-5　供应商主导型

以小米为例，小米凭借自己打造的品牌，建立小米之家、小米商城等一系列品牌销售平台，实现线上线下全渠道为顾客提供服务和体验。小米以小米手机为核心商品，并提供其他智能用品[①]。和传统品牌手机厂商相比，小米在借鉴了国外的"轻模式"的基础上，把B2C模式融合于线上线下之中，大大缩减了中间渠道，压低了最终的零售价。小米之家作为产品的供应商和销售商，让消费者更直接地体验到产品的性能和服务。

2. 平台主导型

平台主导型是指平台通过招募商家，基于大数据和云服务，为客户提

---

① 王家宝，黄益俊. 新零售的起因、特征、类型与发展趋势［J］. 商业经济研究，2018
（23）：5-7.

供服务和产品，收取交易佣金或自营向消费者提供商品① （见图3-6）。

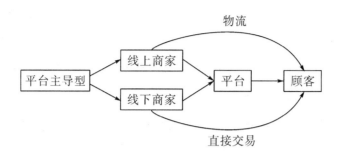

图 3-6　平台主导型

以阿里巴巴为例，阿里巴巴拥有强大的大数据和云计算技术，阿里巴巴旗下的盒马鲜生线上零售和实体店实现数据互通，在线上零售不断开拓线下市场、线下零售持续拓展线上市场的同时，将线上和线下渠道与物流相结合，线上和线下的零售商互相展开合作，双方不断相互反馈数据，根据具体的数据来制定相应区域货物供应、物流、营销策略。线上的应用程序可以获取消费者的购买习惯、消费偏好、购买记录等数据，之后将这些数据传递到线下实体店，实现线上线下互通。这种基于大数据、云计算等高科技的支持与配合的新零售，为平台交易和物流运输提高了效率、节省了成本。

3. 第三方主导型

第三方主导型是指借助自身强大的物流体系，构建物流供应链，实现数字化物流，并与平台的物流系统对接，为零售业和消费者提供高效的物流配送（见图3-7）。

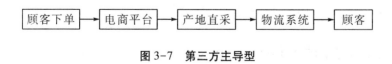

图 3-7　第三方主导型

① 王家宝，黄益俊. 新零售的起因、特征、类型与发展趋势 [J]. 商业经济研究，2018（23）：5-7.

以顺丰优选为例，顺丰优选是由快递企业顺丰速递打造的电商企业，其提供的商品覆盖母婴食品、营养保健品、粮油副食、酒水饮料、冲调茶饮、休闲零食、饼干点心、生鲜食品、特色时令产品和美食用品。2012年，顺丰优选开通了上海、广州、深圳三地常温类食品配送，顺丰优选也因此一跃成为覆盖一线城市的生鲜类电商。顺丰优选利用自己的速递优势，在国内公认最快速运的特点下，利用自身在国内的优质速递基础，还有国际间的速递经验，通过网上预订，下单后产地直采，并借助自身成熟强大的物流系统，将商品配送到顾客手中。

四、中国新零售发展的特点

（一）完整的生态性

生态性是新零售的一个基本特点。新零售通过全渠道、线上线下共同发力和互相促进，打造一个完整的产销链。因此，线上线下的协作需要一个高效统一的生态系统来支撑。具体来说，新零售的商业生态构件包含了实体店面、网上购物、云计算、大数据、物流系统、营销途径等多方面的内容，并且嵌入了学习、消费、体验、购物等多元化的功能，进而促进了相关企业的线下体验、线上服务、金融支持、物流支持等的提高，更好地满足了消费者的购物体验，建立了消费者对于品牌的忠诚度，提高了消费者黏性。除此之外，新零售的生态性更多地表现为线上线下各方力量的团结协作，线上不断为线下开拓市场，线下不断为线上拓展用户，物流系统提供强大的配送支持，进而达到一种动态平衡、互相依赖的状态。

（二）完全的无界化

无界化有两层含义，第一层含义是指新零售在未来的发展中将会跨越不同行业之间的界限，形成多领域的聚合，由此为消费者提供一站式的消费、购物和学习体验。以无印良品为例,无印良品将自有品牌专业零售商经营模式(SPA 模式)发扬光大。无印良品的产品包含了生活用品,覆盖了衣食住行的各个方面,其跨品类经营纬度令业界瞩目,保持了 30 多年的稳健经营,塑造的经典品牌形象和气质受到消费者的青睐。无印良品的一站式消费体验不仅为消费者提供便利,而且这种多业态、跨行业的发展模式将会是大型新零售企业的发展方向。

无界化的第二层含义就是新零售通过全渠道的方式,对线上线下的所有人员、资金、信息、技术、物流产品等资源进行整合,打破各种障碍、壁垒,重新调配各种资源的利用方式和用途,促进所有有形和无形资源的合理顺畅流通,从而促进整个生态链的构建和共享。在无界化的新零售中,消费者可以通过各种方式在不同时间、不同场合体验和消费产品,增强用户的消费体验。消费者还可以通过网络、自媒体、电视和线下实体店等各种方式有效地将自己的使用体验反馈给企业。企业通过这些意见和建议来改进服务和改良产品,进而更好地满足消费者。同时,企业可以更加合理地利用资源,实现更高效的发展。

(三)线上线下全渠道融合

新零售的一大特点就是全渠道营销,即企业为了满足消费者任何时间、任何地点、任何方式购买的需求,采取实体渠道、电子商务渠道和移动电子商务渠道整合的方式销售商品或提供服务,为顾客提供无差别的购买体验。一款产品触达给用户的方式是线上线下同时触达,用户的购物行为、会员信息等都是线上线下通用共享的。用户在线下购物的数据会同步到线上,用户在线上购物的数据也会再传递到线下。虚实结合的消费体验,使服务更加方便贴心。国内众多品牌,如小米、苏宁等都已实现了线上线下融合。以小米之家为例,线上小米商城与线下小米之家数据互通,消费者在小米商城或京东和淘宝的小米旗舰店下订单,系统会根据情况选择最近的仓库进行发货。新零售通过将线下体验与线上消费完全融合在一起，实现用户信息在线上线下通用共享，企业在智能化和大数据的技术支持下，可以获得用户的各种行为数据以及数据背后隐藏的潜在消费。

（四）智慧水平高

新零售的智慧性体现在基于大数据和云计算支持的全渠道营销。正是由于人们在购物过程中个性化、场景化、碎片化、精准化等要求的提高，智慧性的购物方式变成了最佳选择。在人工智能不断发展的今天，新零售企业通过人工服务为消费者提供精准化的服务，实现用户精准、服务精准、产品精准、物流精准、管理精准，并且以精准化的产品和服务增加用户黏性，进而降低成本和获取更多的利润。在个性化消费、渠道融合、精准营销的新零售时代，人们的购物行为普遍都加上了智慧性的色彩。以饿了么为例，2020年7月，饿了么全面升级，从餐饮外卖平台升级为生活服务平台，此次升级涵盖四大方面：从送餐升级到提供同城生活全方位服务、个性化推荐、内容化互动、会员体系升级。饿了么借助阿里巴巴的大数据支持和自身多年对消费者的消费偏好、生活习惯，甚至生活健康状态进行智慧性的定制化服务，从而不仅仅在美食外卖方面，还在生活用品、医药服务、娱乐消费、学习生活等诸多方面为消费者提供精准化的服务和产品。

（五）零库存管理

零库存是指物料（包括原材料、半成品和产成品等）在采购、生产、销售、配送等一个或几个经营环节中，不以仓库存储的形式存在，而均是处于周转的状态。零库存并不是指以仓库储存形式的某种或某些物品的储存数量真正为零，而是通过实施特定的库存控制策略，实现库存量的最小化。新零售通过精准数据统计，统计店铺商品的具体销售数据，进行实时监测，并且为提前准备库存商品做好数据预测。此外，新零售企业还设置了多维度仓库管理，包括库存同变价调拨、组装切割单、单据明细表、库存综合报表等在内的几十个维度的库存管理，对商品进行商品状态管理、商品分类管理、商品权限管理，满足商家个性化操作的同时，按照产品的数量区分库存，根据物品流动速度制订库存计划，杜绝了随意储备库存。以京东为例，京东通过大数据精准预测各个地区产品的需求量，把货物从厂家运送到各个地区的仓库，再配送至消费者手中，高效率地进行发货配送。京东通过消费者反馈的数据精准预测下一阶段在哪个地方需要多少商品，通过预测销售反向给工厂生产提供订单，大大降低了库存，并且从厂家调货到需要的地区，取消库存环节，只需"搬运三次"，即厂家→仓库→消费者，甚至采用 B2C 的模式，直接送达消费者，真正实现零库存。

（六）智能化体验

随着人工智能、第五代移动通信技术、大数据、云计算、区块链的发展，消费体验的方式越来越丰富，人们也渐渐从价格消费的消费观念转向了价值消费的消费观念，消费体验对于交易成交的影响越来越大。新零售借助上述高科技，提供场景化、智能化的消费体验和服务体验，让消费者更加直接方便地感受到产品和服务的使用效果。这些新型的智能化体验，既为企业构建线上销售新场景，又能实现消费者与企业的精准链接，提高了消费者的体验度，帮助企业实现智能化运营。例如，欧莱雅集团与脸谱网（Facebook）联手打造了化妆品虚拟使用系统，此前天猫也曾推出试妆工具"墨镜"。对于女性消费者来说，这样试用产品的新形式更能够带来新奇的体验感，而且能够省去繁琐的试用环节，更快速感知产品的试用效果。女性消费者普遍更为享受产品的试用过程，人工智能带来的新模式足以引起她们的好奇心，使之在效果呈现以后就会产生冲动消费，从而更好地刺激产品销售。此外，日本美妆品牌资生堂收购了美国的创新公司——

奥利沃实验室（Olivo Laboratories）持有的人工皮肤形成技术的专利及相关业务，该技术被称为"第二层皮肤"（Second Skin）。此后，资生堂投资研制了一种新型祛皱化妆品，可以通过人工智能技术实现一种人造皮肤，帮助修补隐藏的皱纹和延缓皮肤松弛。智能化体验将会随着新科技的产生和发展更加紧密地融入新零售中，并为新零售的发展提供强大的技术支持。

（七）零售社交化

移动互联网的发展给新零售带来的不仅是全渠道融合、智能化体验、零库存管理等，还有社交功能的改变。新零售以消费者需求为核心，通过多渠道、多触点与消费者产生持续互动，把握核心消费人群的消费习惯、生活方式以及潜在消费需求，从而将"商品+服务"的模式高度融合。基于消费体验而产生的社交功能，改变了传统零售中零售商和消费者之间的单向互动或仅限于这两者之间的双向互动，创造出一种单个消费者与单个消费者之间、单个消费者与消费者群之间、单个消费者与企业之间、消费者群与企业之间的多元化和多维度的良性互动。移动网络自媒体等推动着社交新零售不断发展。抖音、快手等短视频可以通过直观的方式来传达消费者的购物体验和使用体验，而商家也可以利用这类自媒体平台进行营销，在短视频中植入商品。直播带货对零售商营销额的增长起了至关重要的作用。购买行为无处不在，且其触发已经发生了彻底的变革。这一秒还在社交媒体聊天的人，下一秒就可能点进一个链接购买下一件商品——基于人脉、以信任为核心、借助社交媒介达成购买的模式，驱动了社交新零售的快速发展。例如，小红书、知乎等各种平台上的"大V"分享购物经验和推荐商品，一些有影响力的"大V"甚至可以让一些企业起死回生。因此，社交功能对新零售来说起着不可忽视的作用。

五、本章小结

新零售是以消费者体验为中心的数据驱动的泛零售形态,它表面上体现为零售渠道的变革,本质上将冲击供给端,对供应链产生重构影响。经过一段时间的发展,新零售对需求端的赋能改造已取得成效,对供给端乃至全链条的影响将成为基本趋势。回顾我国新零售的实践历程,从国家和区域视角来看,一方面,国家鼓励性政策法规的不断出台为其发展提供了多方面条件,产生直接或间接的推动作用;另一方面,阿里巴巴推行的"新零售之城"战略和上海、北京等典型城市的示范作用又为新零售的发展提供了舞台,使新零售在很多区域获得长足的发展。从产业和企业视角来看,一方面,新零售产生于弥补实体零售和网络零售的自身缺陷,得益于消费升级和新技术发展驱动,总体上面临广阔的发展前景;另一方面,核心企业依托全域战略积极探索和布局新零售,逐渐形成了"阿里苏宁系"和"腾讯京东系"两个战略联盟,孵化出"盒马型"新物种等一系列创新业态。展望新零售,供给端变革和全链化整合将主导其发展,行业内外整合趋势将进一步增强,业态丰富和融合趋势以及智慧零售特征也将进一步凸显。

第四章 中国新零售商业模式研究

理解新零售，首先应该理解零售，零售就是连接"人"与"货"的"场"。零售本身就是一种商业模式，是一种通过不同的"交易结构"，连接商品与消费者，实现商品的价值，满足消费者的需求的模式。在商品与消费者的关系中，零售发挥了充分的作用。简言之，零售是一种把有支付能力的消费者与被需要的商品连接起来的"场"。这个"场"的表现形式就是零售商业模式，不同的"场"连接了不同的"人"和"货"。

2016年，马云首次提出了新零售、新制造、新金融、新技术、新能源的概念，随后小米的雷军、京东的刘强东均提出了新零售的概念。雷军认为，新零售是一种有效率的零售。刘强东把新零售称为"第四次零售革命"，认为新零售与百货商场、连锁商店和超级市场齐名。2017年年底，阿里研究院首次为新零售进行了界定："以消费者体验为中心的数据驱动的泛零售业态。"新零售具有以人为本、零售二重性、零售物种大爆发三大特征，由大数据驱动与商业模式深度融合，将"货-场-人"的关系转变为"人-场-货"的关系，实现以"人"为中心，不断更新"场"，深度打造优质"圈"，以顾客为本，追求极致的顾客体验，持续撬动需求侧改革。因此，新零售要结合新的战略，不断追求商业模式创新，零售价值链由实体形态经过虚拟形态向综合信息、数据以及虚拟形态转变。

一、基于价值链赋能的中国新零售商业模式研究

中国新零售商业模式可以从很多视角来研究，如数据赋能、技术赋能、营销赋能和价值链赋能等。价值链赋能的新零售商业模式研究，可以从新零售重构的产业链角度来研究。新零售商业模式的本质是价值链和产业链的优化与创新，即在新的价值链上重构了供应商、零售商与消费者的关系及各自的活动模式，重新界定了各自的职责和行为模式，并将数字要素植入价值链中，将商品整体价值以数字信息方式投放在多维度（包括实体维度和虚拟维度）中，通过挖掘新要素（如数字、人工智能、区块链）资源，并将新的要素资源应用在企业经营中，以更低的成本与投入，创造更高价值的活动过程。

（一）传统零售下价值链的研究思路

最早系统研究价值链的应该是波特，他在《竞争优势》一书中对价值链的定义是企业主体和辅助活动的集合。价值链上涉及的企业经营的活动主体和辅助活动的主体都是相互独立的，同时又相互关联。传统零售价值链研究是将企业资源整合放在首要位置，强调内部管理能力，其模式为"企业内部资源及核心能力→企业资源投入→产品和服务的供给→产品渠道选择→顾客"。在传统零售业激烈竞争的时期，零售企业单纯通过利用和调动企业内部优势资源，与同行进行激烈的竞争，其结果表现为惨烈的价格战，且终究无法获取和创造更高的利润，而消费者也会因为信息不对称受损。在这一模式下，无论是供应商、渠道商还是消费者均是受损者。

（二）新零售下现代价值链的研究思路

新零售导向下的价值链的内部资源和外部环境均发生了很大变化。重

构价值链的新零售模式是企业获得长期竞争力的必然选择，价值链赋能的新零售模式强调商业活动的开放性和价值链的垂直一体化思路，并实现向消费者和供应商双向延伸，形成动态价值创造模式，构建"上游供应商+企业内部+下游渠道+消费者"完整的价值增值系统，逐步转向逆向价值链模式，即"消费需求→产品渠道通路→产品与服务供应商→要素资源投入→生产供应资源及其核心能力"。换言之，消费者需求是价值创造的起点，围绕消费者需求调整整个价值链的资源配置，是新零售模式的关键，也是新零售重置商业模式的前提。

（三）价值链导向的新零售模式

现代价值链赋能的新零售商业模式重构了传统零售与电商发展困境的关系，突破了两者的对立关系。新零售让传统零售借助价值链改进，与线上融合，牵引消费者拉动生产变革，围绕人、场、货为中心形成新零售、新消费、新制造的局面，孵化和构建新零售的产业生态圈。

现代价值链是一种需求导向的价值链，顾客需求的多样化和复杂化是商家满足顾客需求的难点。价值链赋能商业企业能够寻求到同时满足顾客多种需求的思路和方法。价值链赋能的新零售模式是以价值链中的需求为起点，按照顾客购买需求进行整体设计，对生鲜的种植、原材料的采购与加工等环节进行数据化和可视化管理，商品销售、配送等环节实现智能化的一系列价值发现和实现的过程。

消费者的消费过程具有复杂性，价值链赋能的新零售模式从消费者的购买入手进行研究，并满足消费者多元化需求的调研、消费者的商品采购选择、消费者消费产品的过程、消费后的感受。

第一，考虑消费者购买前的一系列多元化的需求是价值链驱动的新零售模式的基础。顾客的多元化需求需要设计一个最优的满足方案。新零售企业可以为顾客满足自身需求提供多种备选方案，而不仅仅是为顾客提供商品和服务。在需求满足的方案的设计过程中，新零售企业应该考虑到消费者的消费能力、职业、消费偏好、获得资源的能力、消费的环境等多种因素，将这些因素比较类似的消费者划分为同一类消费者，为其设计一些可供选择的需求满足方案。例如，一对收入水平不高、有一个 5 岁以下孩子的、从事普通工作的年轻夫妻，其在生鲜购买选择上，应该是以"价格+新鲜+购买便利性"为主要的需求，新零售企业应该采用线上模式，提供价格便宜的商品满足其需求。新零售企业可以在这两个因素下设计多种选择，让消费者来决定如何购买。同时，新零售企业可以通过数据捕捉到这类消费者家庭厨房比较小，并且房子面积较小，那么应该以较小分量的商品备选，因为其储藏空间不足，分量过大的商品对消费者来说是一种负担。因此，满足多元化需求的方案是一个综合考虑多种因素相互影响的过程，企业要不断寻求多种最大化程度满足消费者需求的方案，供消费者选择。

第二，考虑消费者的商品采购选择是价值链的重要内容。商品采购是价值链的主要环节，新零售主要从数据库中提取消费者的需求特征、消费者的购买数量、消费者使用后的评价等数据，以此数据为消费者画出完整的消费画像，作为商品采购的重要参考条件。新零售企业可以通过买手按照数据分析的内容寻找相应的商品，并与相应的供应商形成灵活的合作关系，或者寻找合适的供应商根据消费者的消费画像进行重新开发，定制一部分满足需求的商品，并通过供应链输送线上和线下销售网点，供消费者选购。

第三，消费者消费商品的过程是价值链增值的一个环节。新零售企业可以通过人工智能和大数据技术，收集消费者消费商品的全过程，充分掌握消费者商品的渠道选择模式、消费者消费商品过程的感受和商品消费后的评价，通过掌握这些信息，更好地改进消费者过程的感受，为价值链改进提供更好的信息。

第四，消费者消费商品后的感受是消费体验的重点。充分了解消费者购买后是否有购后冲突、购后冲突如何表现、如何能够更快地掌握消费者的购后冲突，是新零售最为关注的问题，更是价值链导向的新零售模式需要面对和解决的问题。对于购后冲突，消费者可能采取的行动包括向零售商投诉、用脚为本品牌商品和零售商投票（转换品牌、停止光顾商店）、向身边的朋友倾诉、在电商平台上进行评价以表达不满情绪、向第三方投诉（包括媒体、消费者协会、政府相关部门）、采取法律行动等，当然也存在没有任何表现的消费者。

对于顾客的购买后的感受，新零售企业应该通过更多的技术手段来充分了解，从而更好地留住老顾客。新零售时代消费日趋复杂，消费者的满意度成为新零售企业经营的重点，价值链导向的新零售商业模式应该更高效率地做好这件事。任何回头顾客及忠诚顾客都是新零售企业宝贵的资源。寻求好的方案、全方位关注顾客购买后的感受是非常重要的。

（四）价值链赋能的新零售模式——缩短价值链，提高效率

零售是价值链的终端，也是最后一个环节，商品从设计到消费者手中，有很多环节，而价值链赋能的目的就是缩短中间环节，实现短路零售。

从价值链的完整链条来看，企业从设计（D）经过制造商（M），经过供应链（S），经过众多中间商和零售商［称为大小商家（B，b）］，到最终消费者（C）。新零售价值链如图4-1所示。

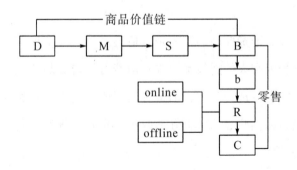

图4-1　新零售价值链

由图4-1不难看出，企业可以组合出很多种新零售商业模式。

（1）消费者随时随地在线上小店购买，或者在随处可见的实体小店及地摊购买，可以看成B2C模式。无论零售业如何发展和创新，都无法替代这种商业模式，只能通过新技术或新理念赋能推进其改革和创新。街边小店、地摊都通过新技术和新商业模式赋能，成为新零售的一种表现形式。

（2）消费者在线上或线下的大零售商购物，即B2C模式。

（3）线上线下零售商从经销商处进货，即B2B模式。

（4）线上线下零售商出租给经销商进行商品销售，即B2B2C模式。

对于消费者来说，在新零售出现之前，消费者都是从零售商处购买商品，即消费者到店购物的"人-货-场"模式。

新技术在零售业的广泛应用，产生了新零售，消费者的购买流程发生了变化，相应的价值链环节也发生了变化。零售商、小型中间商、中间商、经销商、生产商都可以从线上线下建立销售渠道，消费者的商品选择渠道扩大。从零售商、小型中间商、中间商、经销商到生产商，这些渠道商都可以通过线上线下进行产品销售，直接为消费者提供产品和服务。新零售时代，渠道缩短的趋势明显。与此同时，零售商规模大型化、连锁化以及线上线下合作经营后，销售规模不断扩大，绕过中间商，与生产商直接联系的趋势明显。最终，整体渠道缩短，价值链发生变化。新零售渠道模式如图4-2所示。

由图4-2不难看出，新零售模式的特征就是缩短渠道，使价值链变短，价值和利润率提高。同时，链条开始逆向循环，从生产到消费的环节，逆向为消费者到生产商，形成C2B循环模式，强调消费者对上游的引导作用，生产商、中间商的定制功能。例如，开市客（costco）缩短供应链，提升价值链功能，做到比沃尔玛更低的成本和价格，依靠价廉物美，在新零售模式下取得竞争优势；名创优品直接与生产商对接，在降低渠道成本的同时，更加熟悉消费者的需求特征，满足市场需求的同时，价格只有市场价格的1/3；闲鱼和瓜子二手车网站，通过卖家与消费者接触来降低成本，畅通消费和供给信息，获得市场的认同；红领西服通过缩短供应链，让供销双方见面，在节约成本的同时，消灭了库存。

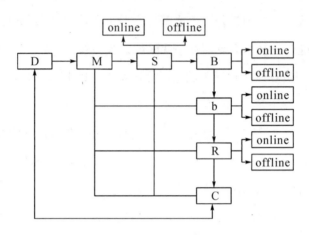

图4-2　新零售渠道模式

二、基于数据赋能的消费场景创新的新零售模式研究

新零售模式是企业着力打造有差异的消费场景，依托高质量的数据对行业进行赋能，实施高质量的营销模式来抢占市场份额的一种商业模式。这种模式的创新速度和力度决定了抢占市场的能力，这一能力可以从三个维度来评价：终端、算法和社群。终端是消费市场的主要入口，场景的体验水平与消费者的捕获率呈现正向关系，即场景的体验评价越高，消费者的捕获率将越高，新零售模式切入市场的机会就越大，交易规模也会越来越大。算法决定了数据赋能模式的水平和力度，其主要可以运用于供需之间匹配的精准度计算。同时，数据赋能也能提高企业对消费者的服务水平，从而决定回头客的占比。数据赋能的新零售模式通过供需匹配度和服务水平来提高回购率，从而扩大市场规模。社群主要依靠会员管理，通过

数据赋能来提高会员营销的水平，从而挖掘老顾客的"新"市场价值，数据赋能的新零售模式的会员营销能力提升，与市场规模的扩大紧密相关。

（一）数据赋能终端场景与算法的新零售模式要素分析

新零售企业的场景体验提升，离不开数据对终端的改造和数据对供需匹配的提升。两者的结合形成一种高效率的新零售模式。

数据赋能终端场景与算法，新零售企业通过数据导入，提升终端消费场景的吸引力，进而吸引流量；同时，通过云端数据精准分析顾客需求，与供应商精确对接，实现供需匹配，促成消费者多次购买，培养忠诚顾客，提高对消费者的精准服务水平。

从商业模式要素的角度看，数据赋能终端场景与算法的新零售模式的价值主张是通过为顾客打造完美的消费者场景从而为其提供良好的购物体验。这包括价值主张、顾客关系、收益获取、核心资源、重要合作以及成本构成六个维度。

价值主张是指借助大数据、人工智能技术，全方位地掌握消费者的购买特征和个性，为其提供更加舒适、精准的商品推荐和服务，为顾客提供更完善的帮助，整体上提供一种超预期的近乎极致的购物体验，让商店运营与顾客价值观尽可能契合，为顾客创造最好的关怀和体验。新零售企业借助现代化的信息技术，与员工建立稳定而友好的关系。新零售企业管理者要尽可能地关心员工，让员工对企业文化充分认同，使员工对企业充分信任，令员工对企业的发展十分关心，以公司发展为骄傲。新零售企业以此为基础，构建公司、员工、顾客的全新关系，形成高水平的价值相互认同的模式。这是新零售发展的基础。

顾客关系是指公司与顾客之间的全新关系。在传统零售时代，零售企业提出的顾客关系是"顾客是上帝"。在新零售时代，新零售企业的经营思路升级为顾客是亲人、朋友，相互之间能够充分沟通。这种关系对新零售企业模式的构建有很大的影响。新零售企业主要是通过大数据来发现顾客、了解顾客和接纳顾客,以便更好地服务顾客。

收益获取是指公司收益模式。传统零售企业的收益模式有正常的进销差价和各类收费,因此零供关系一直影响供应链效率和生产效率。新零售企业要改变传统收益模式,实现零售渠道商各环节的共同受益。新零售企业的收益模式主要是合作带来的收益,即供应链效率提升和对需求更加精准的掌握带来的成本节约、经营效率的提升等方面创造的收益。

核心资源是指企业发展中最关键的资源。传统零售企业最关键的资源是商店位置,商店位置是决定商店经营成败的关键。新零售企业的核心资源除了实体店的位置,更重要的在于大数据资源及以此为基础产生的大数据流。

重要合作是指供应链上的合作企业。对新零售企业来说,重要合作是指供应商,包括制造商和中间商;支持线上线下合作的物流商;支撑新零售企业的大数据商。

成本构成是指新零售企业的成本构成,包括进货成本、为提升消费体验的场景而支付的成本、建立各种数据平台和销售平台的成本、线上线下的物流成本、引流的营销成本等。

商业模式画布如表 4-1 所示。

表 4-1　商业模式画布

价值主张	顾客关系	核心资源	收益获取	重要合作	成本构成
货:定制	亲人	位置与平台	商品进销差价	供应商联盟	货:商品进货成本
场:为顾客提供极致体验	朋友	高质量的数据资产	供应链成本节约	物流系统网络	场:场景打造成本
人:为顾客提供精准的服务	"亲人+朋友"	客流量	创新带来的收益	大数据、云计算类科技企业	人:新零售所需特殊人才成本

（二）数据赋能终端场景与算法的新零售模式运行逻辑分析

随着经济环境的不断变化，新零售模式成为零售业经营的必然选择。新零售模式成为最为活跃的商业模式，不仅受到零售企业的关注和认同，制造业也对其非常关注和认同。传统零售通过各种手段和方式转型新零售，新的资本纷纷投资各类新零售业态。新零售企业之间的竞争越来越激烈，单单拥有新零售特征和理念的企业在激烈的竞争中很容易被淘汰，其优点也很容易被模仿。因此，新零售企业需要在多个维度上提升自身的竞争力，尤其是核心能力，从而不断提升盈利能力，形成一种自身的模式。多维度合成的竞争具有系统性特征，即难以模仿、不易突破和持续提高。这是新零售企业长期维持竞争力的关键资源。

数据赋能终端场景可以从价值主张与顾客关系两个要素来看。数据资源可以让制造商与消费者实现"面对面"，即制造商能够更准确地掌握顾客需求与特征，并按照顾客需求与特征进行产品设计和生产，让商品与市场的匹配度提升，形成一种高收益的模式。良好的顾客关系有利于凸显零售业的价值主张，以数据资源为基础的价值主张能在一定程度上强调顾客关系。核心资源和重要合作是运作基础，其通过多维度相互支持和协同，为前端业务赋能。核心资源和重要合作是运营的后端，新零售企业可以发挥自身的独特优势与外部资源形成合力，并充分形成协同生态。与此同时，供应链上的合作伙伴的支持有助于提高新零售企业的竞争力。

新零售企业运作的前端和后端之间的强力合作的基础是大数据技术的广泛应用，是企业经营理念的转变。在此基础上，零售商、制造商、批发商与顾客之间的关系不断优化，从而可以带来成本的节约，其运营逻辑值得广泛推广。

新零售模式的出现，主要受实体零售企业的推动和发起，通过传统的终端经营层面发力，引发了场景革新，从而吸引更多的客流。当实体流量稳定之后，新零售企业以大数据技术为基础，更加精准地了解顾客，为顾客提供更好的商品和服务，并在稳定存量顾客的基础上，进一步开发新增顾客，最终形成数据赋能终端场景与算法的新零售模式。

1. 典型案例

数据赋能终端场景与算法的新零售模式的成功案例包括素型生活馆、宏图 Brookstone、良品铺子等典型企业，这些企业均是借助大数据进行转型，且取得成功的典型。

（1）素型生活馆。素型生活馆发展模式的主要特征表现为借助大数据来重新布置消费场景。在素型生活馆，经营什么商品、如何经营，大数据说了算。为了更好地发挥大数据的作用，素型生活馆与阿里巴巴形成长期战略合作关系，依托阿里巴巴的大数据资源，其可以看到淘品牌的业绩排序与关联销售情况，可以随时调用所在店铺 5 000 米内的消费者的消费数据，可以深入分析消费者的消费特性、偏好、受教育程度、家庭结构、消费结构等，并以此为基础来进行供应链管理，实现精确的商品结构调整、价格制定、店铺选品等，对于店内经营有非常好的作用。对商品关联的分析，可以更好地对主力商品、辅助商品和搭售商品进行管理。例如，素型生活馆在数据分析中发现，大部分购买大衣的顾客，都购买了毛衣链，因此素型生活馆在采购大衣时，就顺便采购毛衣链，让大衣和毛衣链成为一组紧密的关联商品，相互带动销售业绩。

（2）宏图 Brookstone。宏图 Brookstone 倾向于通过数据来打造"新奇特"的新零售生态圈。通过数据提取，大胆实现跨界和融合是宏图 Brookstone 的经营特色。宏图 Brookstone 通过各类商品的融合，如先后与炫控电竞、乐客 VR、京东众筹、太火鸟等合作创建"生态联盟"，在"新奇特"融合产品的聚合平台上，实现了资源共享带来的品牌效应的叠加效果和多维极致体验。宏图 Brookstone 通过越来越多的人、场、货之间的充分链接，借助大数据平台和线上线下的深度融合发展，实现了新零售的闭环式的营销，从而构建了以"新奇特"为特色的体验服务模式的生态圈。宏图 Brookstone 的新零售经营理念是"共建生态圈、共生'新奇特'、共赢新零售"。

宏图 Brookstone 依托大数据和各类数据资源，打造以消费者为主体的多元化体验场景，颇具特色的有时尚影音、品质酒具、舒适家居、健康生活、商旅出行、难找的工具，并设有虚拟现实（VR）体验区、无人机体验专区等高科技类产品体验区。与同类传统零售店相比，宏图 Brookstone 的所有产品在消费者体验和操作方面均有着非常强的吸引力，而每个区域空间又给消费者留下了充足的体验空间。

宏图 Brookstone 最具特色的五大主题场景包括品质生活场景、游戏娱乐场景、惊喜服务场景、健康生活场景以及金融理财场景。五大场景成为宏图 Brookstone 最大的经营亮点和吸引客流的动力源泉，每个场景都坚持了场景为体验服务、体验为互动服务、互动为用户场景价值服务，其最终是为了创造高的满意度和体验度，进而提高卖场的收益。

宏图 Brookstone 的创新很多，如坚持"无互联不商业"与"实体+"的经营理念。"实体+"是以实体为核心主体，加互联网技术、供应链和消费金融、全渠道支付、体验和场景化营销、满足消费者精神化需求等形成的完整的商业体系。此外，宏图 Brookstone 对实体店的改造升级极为重视体验。

从服务方面来看，宏图 Brookstone 包括形式和内容上均发生了巨大的变化。就服务形式而言，宏图 Brookstone 的服务经历了从单一到复杂的过程，形成了社会化、平台化、共享化"三位一体"的综合平台服务，成为中国首个实现上门到家的专业化的和特色服务的生态性服务平台。其服务系统主要实现了"五分钟响应+2 小时上门+1 小时维修"，同时实现了极致、专业、到家、面对面。就服务内容而言，宏图 Brookstone 实现了从过去单一的产品调试和维修保养，到玩家系统培养、智能随时帮助、服务金融、O2O 全渠道综合服务等。宏图 Brookstone 入驻了北京"修好了"服务，门店基层工作人员由简单的引导角色转变为体验服务提供者的角色，从而实现了服务全方位升级和高质量发展。总之，门店基层工作人员角色发生改变，从单一导购到玩家和玩伴，其职责是与顾客一起研究新奇特产品如何更好玩，让顾客感受世界最前沿的科技与炫酷、魅力和巨大的惊喜。

在商品方面，宏图 Brookstone 做到了商品游戏化的体验。宏图 Brookstone 的商品特征也是围绕"新奇特"，聚焦多维生活（包括商务、娱乐、健康、旅游出行），为多维生活不断开发"新奇特"的商品，包括电脑游戏、懒人拖鞋、记忆枕头、按摩仪、睡眠仪、行李箱、醒酒器等生活用品。这些商品的开发均是坚持有趣、好玩、好用、方便的理念，同时还要符合年轻人探索新产品的好奇心，并在购物体验上坚持有趣与互动结合。以气泡水机器为例，用户将饮用水灌入机器内，按下开关，2 秒内就能出来气泡苏打水，而这种气泡水在多数商店会被陈列在精品货架上。

宏图 Brookstone 之所以能成为新零售领域的"网红"，主要原因是其不断开发独特的产品和功能强且性价比高的新商品。商品自身的不断创新与店铺陈列布局的不断探索相结合，形成了宏图 Brookstone 的商品竞争力。

宏图 Brookstone 是国内首家专门以"新奇特"为经营理念的新零售企业，开创了零售业的新领域。在行业内、消费市场以及顾客心目中，宏图 Brookstone 与盒马鲜生的地位一样均是新零售的开拓者，创造了新零售的新模式。宏图 Brookstone 的主要服务对象是新生代的消费者，包括"90后"和"00后"。宏图 Brookstone 不断通过数据资源来优化和完善目标消费者的画像，并依据对消费需求的分析来选择、开发和制造新商品。这种"数据资源+终端场景+算法"的新零售模式，对未来新零售模式创新有较高的指导和参考价值。

（3）良品铺子的数字化革命。近年来，中国零售企业探索新零售的热度不减，有全新资本进入的新锐公司、互联网基因公司，如叮咚买菜；也有传统零售企业转型企业，如永辉超市。无论是新进入者还是转型者，一些企业对新零售的理解都是肤浅和表面的，甚至有很多转型新零售领域的零售企业开始将新零售理解为纯粹的互联网营销，在各个网站开展营销活动，让企业的营销成本居高不下。有的企业开始拍电影扩大品牌影响力，并没有把精力和资金放在商品、供应链、技术创新上。良品铺子的数字化转型是值得行业内学习的。通过数字化革命，良品铺子取得了卓越成效。

良品铺子的本身是实体店，与百草味先放弃实体经营完全切入线上经营，经营遇到问题又回归线下经营不同，良品铺子一直在坚持线下实体店面的经营、完善与创新，至今店铺数量增加到 2 000 多家。

良品铺子涉足新零售的时间比较早。2012 年，良品铺子开始通过涉足电子商务，并以此为起点，进入新零售领域，探索新零售模式，快速实现线上线下融合发展的全渠道模式。其全渠道模式取得了明显的业绩。2017 年，《中国糖果》杂志发布的全球 100 强中，良品铺子的销售业绩排在全球 26 位，销售额达到 60 亿元，在国内排名第一。2019 年，中国连锁经营协会发布"2019 年中国特许连锁百强榜单"中，有三家休闲食品企业上榜，良品铺子是连续七年上榜的企业，且排在休闲食品行业第一位。2019 年，良品铺子营业收入同比增长了约 21%，总额达到 77.15 亿元，净利润同比增长了 42.68%，达到 3.4 亿元。

良品铺子的全渠道模式中线上渠道包括本地的生活平台、社交电商、第三方电商平台和应用程序，实体渠道主要是连锁店。良品铺子拥有 2 000 多家线下加盟连锁店，地区覆盖率提升，包括上海、江苏、浙江、安徽、江西、湖北、湖南、重庆、四川、云南、贵州等。在门店选址方面，良品铺子主要选择购物中心，2019 年的新增门店中，有 70% 是选址在购物中心的。良品铺子的线上平台主要布局相对高端品质的第三方平台，包括天猫、淘宝、京东、一号店等以及自有的 B2C 网站和微信商城。良品铺子的线上平台布局还包括本地生活平台，如饿了么、美团外卖、口碑外卖、百度外卖等以及良品铺子的应用程序、微信、QQ、百度贴吧等，其渠道总量达到约 40 个。

良品铺子实体店的经营中，最大的特色是创造了"云货架"模式，实现了各实体店和网店扫码预购的线上线下全渠道互通。数字化和可视化供应链体系为线上线下融合发展提供后台保障，为线上业务快速发展提供基础。良品铺子通过精准的数字化供应链提升门店的整体配送能力，尤其是最后一公里配送，线上线下配送通道共享，提升配送效率，降低配送成本。良品铺子让线上线下均成为流量入口，增加顾客接触店铺和商品的机会。良品铺子让消费者在任何场合下均有条件实现购买和提货，零食购买与外卖一样便利，形成"线上+线下+物流配送+营销"的新零售全渠道模式。良品铺子的所有环节，从消费者进店、购买、配送、收货、退货、评价等都被记录下来，形成数据记录，用于分析顾客的购买习惯、回头率、关联商品、客单价以及顾客对美食的看法和观点、对旅游的评论等。

为了更好地开发新商品，做好爆款商品，良品铺子与供应商建立了高度融合的发展模式——直接进驻原产地。良品铺子通过资金、技术直接进驻种植基地的模式，与农户合作，以此为基础保证优质原材料的供应。因此，良品铺子的产品特色明确，竞争力强，在同类商品市场上具备了领先优势。同时，在进行产品研发时，良品铺子会针对客户群体进行专业分析，如这款产品的主要消费人群是谁；在不同节日提供不同的产品组合，如中秋节、重阳节、春节、结婚纪念日、生日，均有不同的产品组合；持续进行爆款商品打造……以此数据为基础研发新产品，实现了新商品立项→概念→方案→研发→评定→首发的循环过程。

2. 数据赋能终端场景与算法的新零售模式的优势

数据赋能终端场景，提高了线上线下渠道融合程度；数据与算法的结合，提升了产品研发到销售的精准度。数据赋能终端场景与算法的新零售模式的优势是多方面的，主要包括以下三个方面：

（1）推动线下渠道拓展线上渠道，实现线上线下的全渠道运营。数据能力是线上线下融合发展程度的决定因素。没有足够的数据支撑，线下与线上发展处于分割状态，各自为政。数据连接了线上和线下渠道，实现了两者的互联互通，其融合程度反映的是数据功能的发挥程度。真正意义上的全渠道是线上线下均具备很强的实力，而不是线上强线下弱，或者线下弱线上强的态势。

（2）数字化程度不断提高，大数据赋能零售，提高零售企业的竞争力。数字化程度的提高可以实现会员、商品、促销、物流、订单等各环节全部打通，对相关数据进行全面收集，并且把杂乱无章的数据进行清洗、整理、建模，分析数据背后的消费规律，让数据具有生命力和价值。有了这些有价值的数据，新零售企业在产品的采购选择、新产品开发、服务提供方面更有针对性，提高了新零售企业的经营效率和针对性。

（3）依托数据基础，实现全渠道的全面贯通。商流、物流、信息流、资金流的全面贯通，极大地提高了新零售的供应链效率，改善了供应链上各参与者的关系。大数据、人工智能技术在供应链环节的广泛应用，实现了可视化的物流和配送，商流方式、传导速度和价值得到大幅度提升，信息流实现了多方互联互通且面对面的信息对接方式，资金流在大数据的监控和指导下更加准确。同时，商流、物流、信息流、资金流实现了由分离状态到融合状态的转变，形成了"四流合一"的新形式，极大地提高了客户的体验感。

三、基于会员营销的消费场景创新模式研究

提高新零售企业经营的竞争力，可以从多方面入手。其中，终端店铺实行会员营销打造社群与优化消费场景是一种典型的做法。对终端店铺资

源的充分利用和创新经营可以提高零售企业的竞争优势。

（一）会员营销背景下的消费场景创新模式分析

会员营销背景下的消费场景创新模式可以提高顾客的回头率，增加回头客。因此，优化消费场景可以让"人"和"货"在"场"中更好地实现价值。会员营销可以提升社群服务的水平和能力，为顾客提供更精准的服务，并以此为基础，充分挖掘顾客的需求和价值，提高顾客的回头率，降低零售业因失去老顾客而带来的成本。

新零售商业模式要素都是从价值主张、顾客关系、核心资源、收益获取、重要合作和成本构成方面来分析的。

"会员营销+消费场景创新"商业模式下的价值主张主要是通过对实体店消费场景进行创新，通过独特而有吸引力的场景来吸引顾客，提升顾客的感受，提高流量；通过完善的会员制度，开展有价值的会员营销，并对会员进行重点筛选后，进行重点会员重点营销和管理；通过大数据分析掌握顾客的习性和爱好，从细节入手，为重点会员提供全方位的服务。

"会员营销+消费场景创新"商业模式下的顾客关系是一种新型关系，不再是传统的"顾客是上帝"。在新零售时代，"会员营销+消费场景创新"商业模式下的顾客是朋友、亲人，因此企业与顾客之间要形成"朋友圈"的关系。凭借特色与竞争力形成的终端店能够吸引更多的顾客，再通过大数据来定位重点顾客，对重点顾客进行科学管理，可与顾客形成稳定的良好关系。

核心资源主要包括高端、稳定的优质会员。会员营销背景下的消费场景创新模式中，会员是最为宝贵的核心资源，新零售企业通过会员不仅可以获得较高的溢价，还可以依靠会员的口碑相传来扩大品牌的影响力，会员将成为新零售企业的一个重要宣传渠道。

收益获取主要是通过促进商品销售量实现的，包括会员收入和非会员收入。会员收入包括会员的充值、会员费和增值服务费带来的溢价；非会员收入主要包括顾客增加的商品销售量带来的收益。

重要合作主要是就供应链上的成员而言的。为了更好地服务核心会员型顾客，新零售企业需要提供更有针对性的产品，即需要进行产品定制、品类管理、提供更优质的增值服务。因此，重要合作就包括优质供应商、设计师和合适的企业管理者的合作，三者之间需要有高度一致的意见，实现高效沟通。

成本构成主要包括三部分：一是传统商品的各方面成本；二是打造特色消费场景所需要花费的成本（特色场景是会员营销背景下的消费场景创新模式的核心，因此这部分成本会比较高）；三是会员营销成本。

商业模式画布如表4-2所示。

表4-2　商业模式画布

价值主张	顾客关系	核心资源	收益获取	重要合作	成本构成
不断提升的消费体验	朋友	终端门店价值	销售溢价	优质供应商	商品成本
不断优化的社群服务	亲人	优质顾客	服务溢价	特色设计师	不断更新场景成本
与顾客的相互信任		渠道	会员费	开创性强的管理者	优质服务成本

（二）商业运行逻辑分析

会员营销背景下的消费场景创新模式的商业运行逻辑对经营的影响是至关重要的。新零售企业的价值主张以场景价值提升和服务体验升级为基础，与顾客建立一种新型的顾客关系——"朋友圈"。这种特殊的关系对新零售企业的经营是一种特殊的资源，增加了顾客对新零售企业店铺和商品体验的满意度、接受度、宽容度和容错度，从而保持顾客的重复购买率，进一步提高价值主张。供应链上游的重要资源则以会员顾客为中心进一步提升流量水平，以顾客资源为核心价值整合渠道成员和供应链资源。新零售企业优化供应链资源，协调各环节合作者共同开展产品开发、提升服务水平、提高供应链整体盈利能力，从而共同分享利润，提高整体发展水平。

逻辑运行主要表现为核心高价值资源→重要的供应链合作伙伴→价值主张→新型顾客关系（"朋友圈"）→共同盈利。新零售企业主要基于"优质终端+社群营销"的核心资源，以顾客服务和产品研发为起点，通过优化核心资源整合供应链外部生态，实现供应链信息、资源、理念共享共建。新零售企业通过大数据提供的全部信息，借助终端和消费场景的吸客能力，筛选出忠诚顾客和粉丝顾客，建成社群，实现流量价值最大化。从本质上来看，优质终端和社群模式提升了顾客的用户体验，打造了"消费场景+会员营销"的新零售商业模式。

1. 典型案例

会员营销背景下的消费场景创新模式的核心点是会员，特别是优质会员或忠实顾客。新零售企业通过管理优质会员，既能实现营销目的，又能实现重构供应链的目标。宜家家居、兴隆大家庭以及名创优品都是这一模式的典型代表。

（1）宜家家居的"软销"（Soft Sell）。2020 年 3 月 10 日，宜家家居正式入驻天猫，宜家家居正式设立了第三方平台的线上官方旗舰店，这是宜家家居新模式的开始，同时标志着全球制造商品牌布局中国市场进入新阶段。

从艾媒咨询网数据来看，2013 年以来，宜家家居全球线上线下门店访问量持续增长（见图 4-3）。

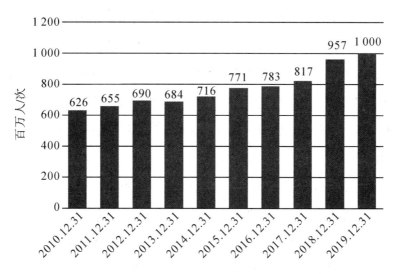

图 4-3　2010—2019 年宜家家居全球线上线下门店访问量

资料来源：根据宜家官网信息、艾媒咨询网相关数据整理而得。

从图 4-3 可以看出，2010—2019 年，宜家家居全球线上线下门店访问量增加明显。据统计，宜家家居在全国的 28 个市场中，中国市场的顾客增加量排名第一。宜家家居最大的竞争优势是其门店的顾客体验感好、会员管理水平高、产品的设计更加人性化。

第一，宜家家居不断优化门店的消费体验，其目的是让顾客在门店和在家里的感受一致。体验营销主要是新零售企业依托有形产品，借助差异化服务，将消费者感受放在首位，以满足消费者个性化需求为目标，让消费者在心理上获得最大程度的满足，是一种关注消费者和企业共同利益的双向互动的新型店内营销模式。宜家家居将这种模式应用到了门店的方方面面，外界把宜家家居的这种营销称为"软销"，是一种对消费者尊重、不给消费者任何进店压力的推销模式。宜家家居在推销商品的同时，兼顾了顾客的感受，满足了顾客的个性，赢得了顾客的信任，形成了双赢的合作式传播与营销。宜家家居秉持"门店就是家"的理念，为顾客提供了功能齐全、设计专业、物美价廉的商品，为顾客购买提供了尽可能舒适的消费体验。

第二，购物与休闲合二为一的消费体验。宜家家居的商品特色是独一无二的，其家居设计、安装、使用后的体验均做到了优质。同时，其门店食物不止物美价廉，而且色香味俱全。将家居用品购买与美食完美结合在一起，是宜家家居的一个非常明显的特色。顾客购买家居用品的辛苦和劳累，在品尝了美食之后得到缓解，购买变得轻松愉悦，这样可以延长顾客的购买时间，增加门店的顾客流量。宜家家居餐厅为宜家家居做了一个很有价值的补充。

购物氛围温馨如家是宜家的一大特色。宜家家居通过展览式销售提高消费者对商品的直接感受，即用不同的家居用品布置成一个家，包括了客厅、卧室、书房、厕所、厨房、浴室等，并通过展览让消费者身临其境地看到了家居用品买回去装好的效果。每个组合都温馨简洁，直击消费者的内心。顾客不是顾客，而是这个家的主人。不同的风格给顾客不同的感受，还能在一定程度上给顾客装修的灵感。

宜家家居为儿童提供了活动的场所。儿童乐园的打造使宜家家居实现了"全家一起逛"的效果。每个宜家家居的门店都有一个儿童乐园，免费向顾客开放，并由专人看管，这可以看成宜家家居的一项有特色的服务。顾客可以把孩子"寄存"在这里，自己去随意购买。

此外，宜家家居的各项服务充分体现了宜家家居对顾客的人文关怀，如设计师精心的设计指导、有特色的轻便购物袋、方便的垃圾桶、触手可及的购物清单和相关用品以及周到的服务指导。

第三，宜家家居影响消费者实现从普通消费者到会员再到粉丝的转变。宜家家居通过潜移默化地影响消费者，让消费者从公司经营、产品设计和特色、服务专业化等多方面全方位地充分了解宜家家居，对宜家家居产生充分的认同感，最终实现忠诚顾客对新产品和服务快速接受、降低新产品和服务的营销成本、获得更高的投资回报的目的。消费者的粉丝营销策略给宜家家居带来了丰厚的回报，宜家家居每年销售量中的50%左右来自会员及回头客。

第四，宜家家居通过理念的传播，与消费者之间达成了价值认同，获得了消费者的认同，大大提高了品牌价值。宜家家居专注于自主动手（DIY）风格的家居用品，突破了家居行业一般都难以摆脱的刻板与严谨的几何形式，而宣扬人文关怀，既注重工艺设计与功能优化，又关注顾客的个性化消费需求和心理需求，同时还关注了消费者的消费情趣，充分展示了北欧文化中的爱与和平的生活理念。宜家家居的目标顾客是年轻的消费者，年轻的消费者普遍追求创意生活。

宜家家居一直崇尚低碳经营，关注环保，其商品基本都体现了低碳理念和可持续发展理念，商品均有详细的标注和追溯标签，包括商品的原材料产地、如何清洁等信息。宜家家居有部分商品是回收废品重新加工制成的，体现了低碳理念。在加工方面，宜家家居强调纯天然和绿色环保理念，同时引导顾客低碳消费、节约环保，让其社群消费者形成了统一的价值认同，从而提升了宜家家居的社会认可度和公众形象。

（2）名创优品的新零售对传统零售的颠覆。名创优品起步于日本，繁荣于香港，构建了属于自己的新零售模式。名创优品的经营优势主要在于价格和商品，每件约10元的商品是名创优品短期内迅速成长的根本因素。

第一，低价格与高体验的融合，提升了名创优品的竞争优势。对购物体验的重视是新零售时代的特色，也是潮流，但是购物体验不仅仅取决于场景。大部分零售商对购物体验的理解，主要在场景的打造和布置上。名创优品的购物体验则是真正的"物美价廉"，这提高了消费者的购物体验。用户在名创优品的购物体验是"不必担心商品买贵了"。在国外市场，顾客进店，商家工作人员一定会给顾客一个篮子，因为所有顾客都需要一个篮子，基本上95%以上的顾客不会空着篮子走出店的。名创优品进店购物率达到了85%以上。

名创优品的"物美价廉"是源于名创优品不断缩短渠道节约成本。例如，名创优品80%以上的商品基本选择了零渠道，即直接从900多家中国厂家直采，渠道成本压缩到极限，供应链效率借助大数据有了极大的提高，因此门店里70%以上的商品的价格可以定价不超过10元，并依然保持了一定的盈利。名创优品的商品，同样价格下，商品质量好；同样质量下，商品价格低。例如，名创优品的一款眼线笔在2016年销量达到了1亿支，在国外同一品牌的商品价格一般在50元左右，而名创优品的价格只有10元。消费者购买体验报告显示，61%的消费者选择去名创优品购物，原因是低价高质。购买的第一感受是低价格，实际上是背后的高品质，这是让顾客满意的购物体验。名创优品以其优质低价的特点在众多商圈中站稳了脚跟，以日用品为主打商品，全部经营自有品牌商品。名创优品对商品的设计、价格、终端渠道环节均有严格的管理，供货商均是长期合作的专门定制商，对名创优品的商品非常重视，而大规模的定制生产降低了供应链的整体成本和各环节的采购成本。名创优品长期采用"质优+廉价+周转快"的经营策略，长期坚持高性价比的策略，持续打造"爆款"商品，其商品平均周转为21天，新品上架周期为7天。

第二，终端不断提档升级，廉价的商品与高品质的服务同在。名创优品的商品以物美价廉闻名，而同样廉价的商品背后，名创优品的服务并不将就。名创优品在场景打造和顾客服务上十分用心，且投入巨大。名创优品的位置选择均在核心商圈的步行街、购物中心内，以此来获得客流量。在门店装修、货架设计和产品陈列上，名创优品都是选择最前端的服务商为其设计，以便营造更好的购物体验。在选择商场和服务方面，名创优品尽量做到完美，追求舒适和满足。名创优品的门店在不断升级改造，其尽量选用最好的货架和装修材料。例如，名创优品的货架供应商与奢侈品品牌路易威登（LV）的货架供应商是相同的。除此之外，名创优品的购买服务也是消费者评价最高的。名创优品的多数商品采用了极简主义，顾客选购喜爱的商品，结账即可，购物流程便捷、快速，没有过度推销，顾客的购物自主性强。

名创优品的陈列则是坚持简约而不简单，融合了仓储店的陈列风格，多数采用展览室的陈列，既保证了商品陈列的美观，也照顾了商品陈列的饱满度。名创优品将商品的体验理念纳入了陈列之中，构建了商品体验区，搭建了产品的体验平台，让消费者选购商品更加便捷。同时，名创优品配备了陈列手册，为每个店铺配置专业的陈列导师，进行专业的陈列，让陈列更具有人性化。

第三，粉丝经济是名创优品的特色。名创优品的粉丝非常多，这也是名创优品品牌价值的体现之一。作为新零售实体店，为了提高顾客黏性，不断拓展其经营的范围，名创优品率先向消费者推出了品牌微信公众号。从 2014 年开始运营微信公众号以来，名创优品的粉丝已经突破 1 000 万人，且粉丝数量还在急剧增长，每天以万人为单位增加。公众号带来的粉丝，不仅提升了品牌价值，还得到了很多同行的关注，引领了同行的微信公众号潮流。名创优品通过微信公众号进行营销、引流，即顾客通过在实体店扫码进入公众号，再通过公众号进行宣传，还送购物袋和小礼品，通过这些小礼品来带动更多的粉丝，逐渐实现了线下向线上的引流。

优质低价的商品、高品质的服务和粉丝经济带来的顾客黏性，给名创优品带来了新发展模式。在这种模式下，名创优品实现高速发展。

2. 会员营销背景下的消费场景创新模式的优势

会员营销背景下的消费场景模式可以给顾客提供最好的购物体验，从商品质量、价格、场景布置、服务等多方面都做到了极致，无论是宜家家居还是名创优品的案例，都体现了新零售重构人、货、场给新零售带来的活力。其优势主要包括以下几个方面：

（1）会员营销下的消费场景创新从商品本身出发打造场景，给顾客带来真正的商品和场景体验。会员营销立足顾客需求、立足会员，给会员创造真正的价值和超额价值。通过会员服务，顾客享受到最好的服务和体验。改造供应链和供货方式、减少库存、降低成本可以给顾客提供最便宜的商品。因此，顾客享受到的是超高的性价比。会员营销模式放弃高利润率，选择薄利多销，是因为只要有强大的会员支持，有稳定的会员消费群体，其总利润依然可以保持在较高的水平。

（2）低价与高体验完美融合。会员营销在低价和高端体验的矛盾中寻找到了融合点，将两个看似矛盾的做法，完美地结合在了一起，满足了新时期，新消费群体（"90后""00后"）收入不高但追求精致的生活需求。体验远超价格，总是给顾客超预期的做法，为新零售模式创造了新的市场机会。

（3）粉丝经济模式培养了一批忠诚顾客。会员营销模式，低价格、高质量、高服务水平，培养了一批忠诚顾客，提高了顾客对企业的黏性。

第五章 中国新零售企业竞争力研究

一、引言

零售行业是商贸流通产业的重要基础，对提升市场活力和加速商品流通起着重要作用。随着零售行业的持续变革与创新，传统实体零售行业已经形成购物中心、连锁超市、社区小店等多种完整业态；同时，随着信息技术的发展，线上零售快速抢占市场，并以其便捷性、普遍性和集成性等优点，成为消费者购物的重要选择。近年来，线上零售面临流量红利减弱、网购增速趋缓和获客成本持续增长等瓶颈；线下零售面临门店业绩下滑和关店潮等困境，线上与线下都在不断寻找各种创新转型之路。在市场环境变化和技术环境提升等多重因素推动下，新零售模式应运而生，成为解决零售业困境的重要模式。新零售基于互联网技术，运用大数据、人工智能等先进技术手段，对商品的生产、流通和销售过程进行升级改造，重塑业态结构，并对线上线下以及现代物流进行深度融合。我国相继出台《国务院办公厅关于推进线上线下互动加快商贸流通创新发展转型升级的意见》《国务院办公厅关于推动实体零售创新转型的意见》《国务院办公厅关于以新业态新模式引领新型消费加快发展的意见》等一系列政策意见，客观上促进了线上零售与线下零售的融合，为新零售的快速发展创造了良好的制度环境。同时，新增资本投资新零售的速度加快，促使传统零售企业加快向新零售方向转型升级。然而，在新零售行业快速发展的同时，不同业态下的新零售企业竞争加剧，部分企业面临被淘汰出局的困境。如何正确识别和评判自身的竞争力水平，并寻求提高竞争力的路径，已经成为众多新零售企业亟待解决的问题。

新零售是零售行业发展的一个全新阶段，运用科学的理论和方法对新零售展开研究具有十分重要的理论意义和实践意义。国内许多学者借鉴生态位理论来研究新零售的竞争力。例如，魏国伟和狄浩林（2018）、吴菁（2019）借鉴生态位理论，从宏观、中观以及微观三个层面入手对新零售企业竞争力进行研究，最终确定了 4 个一级指标，12 个二级指标和 48 个三级指标的评判体系，并对新零售企业生态位宽度、重叠度的概念和相关测度方法进行了说明。黄炯华和黄文群（2020）基于生态位理论，构建了一个包括信用因子、效用因子、服务因子和链接因子在内的生态位竞争力评价指标体系。国外学者则更早通过引入生态位理论来研究企业竞争力。迈克尔. T 等（Michael T et al.，1977）将生态位理论引入企业组织理论，对企业种群之间竞争关系的测度指标进行了研究，并通过生态位宽度、生态位重叠度和生态位优势 3 个指标来刻画企业间的竞争关系，这是已有的研究中最早借助生态位理论来探讨企业竞争力的研究。此后，里谢·艾伦（Reece Allen）、马里恩·格拉鲁斯（Marion Garaus）等都运用生态位理论对零售企业的竞争力展开了更为深入的研究。国内一些学者也通过其他方法来研究新零售企业竞争力。例如，张咏（2020）运用案例分析法，以苏宁易购为研究样本，结合品牌管理方法论和核心竞争力理论构建了适用于新环境下零售服务企业的核心竞争力评价体系。

二、中国新零售企业竞争力评价体系的构建

（一）新零售企业竞争力评价指标体系构建原则和思路

1、评价指标选取原则

构建科学合理的新零售企业竞争力评价指标体系，首先要对新零售的竞争力概念做出合理的、符合逻辑的定义，并对评价思路做出说明，不同的评价思路对指标体系的构建具有较大差异。本书认为，新零售企业的竞争力是指各种业态的新零售企业在特定的市场环境中，通过整合自己拥有的资源，不断提升自己的竞争能力，在与其他竞争者争夺市场、资源或发展空间时所表现出的排他性力量，并在竞争中显现出一定的市场绩效。这个定义明确了企业竞争力的形成原因和过程，表明企业竞争力来源于企业拥有的资源，而在形成竞争力的过程中，企业的竞争能力又起着极为重要的作用；明确了企业竞争力的作用结果，即市场绩效。竞争资源是对企业竞争力的形成起决定性作用的因素。竞争资源的多少是企业竞争力强弱的逻辑源头，决定了企业竞争力的强弱的基本趋势。竞争能力是企业竞争力的直接表现，其中核心竞争力更是支撑企业生存和可持续发展的核心要素。竞争绩效是在一定时期内企业竞争力作用的结果，但并不代表竞争力本身，也不能反映企业在未来的竞争力。企业竞争力的评价应该是个动态的评价过程，不仅要看当期竞争力大小，还要看企业竞争力强弱的趋势，就是要对企业在未来一段时间的竞争力表现做出合理的评判。基于以上论述，本书认为，对企业竞争力的评价，就是对企业竞争资源、竞争能力和竞争绩效三个方面的综合考量，因此构建新零售企业竞争力评价指标体系应该从这三个方面展开。

在明确新零售企业竞争力的定义，并对评价指标体系的构建思路做出说明后，我们需要在一定的原则下构建新零售企业竞争力评价指标体系。

选取出全面的、科学的评价指标，对最终的研究十分重要。我们在选取指标时遵循以下几个原则：

（1）科学性原则。指标的选取应该是在充分了解新零售企业发展所处市场背景、经营环境之后确定的，每一个指标都有科学的、明确的意义和内涵，各指标和要素之间应该具有一定的内在联系以及内在逻辑。指标体系应该是在竞争力理论的基础之上进行构建，并吸收前人优秀的科研成果。

（2）综合性原则。评价指标体系要能全面反映企业的综合竞争力，即各个层次与维度的问题都应综合全面地反映。指标体系中既要包含定量指标，又要包含定性指标。指标选取应采用动态指标和静态指标相结合，兼顾显隐性指标，从而全面反映企业现实竞争力和潜在竞争力。

（3）可操作性原则。评价指标体系设计的目的是对企业的竞争力进行评价，发现企业经营管理过程中的竞争力薄弱环节，思考企业竞争力提升的路径。指标体系一旦建立起来，就要能够在对具体企业竞争力评价过程中进行推广使用。在这个过程中，如果指标选取的可操作性不强，将会使指标值的确定出现很大的困难，从而增加评价工作的难度，并且使得评价结果产生扭曲和偏离，增大评价的不确定性。科学的、易于操作的评价指标可以消除歧义，减轻评价工作量，有效提高评价工作的客观准确性。

（4）代表性原则。竞争力评价是一项综合性和复杂性都较高的工作，涉及企业生产经营的各个方面，对应的各项指标和数据繁杂，因此任何一套评价指标体系都不可能穷尽所涉及的所有指标。指标选取应当遵循代表性原则，即反映企业竞争力某个具体方面的指标应当具有代表性，且尽量精炼，避免经济学意义上的重复。

2. 评价指标体系的构建思路

目前，对传统零售企业竞争力的研究成果较为丰富，但是对新零售企业竞争力的研究较为缺乏。新零售是对传统零售的整合和改良，因此我们在确定评价指标的时候，既要注意从已有对传统零售的研究成果中吸收一些重要的指标，也要注意联系新零售在实践中的新特点，这些新特点是区别传统零售与新零售的重要依据。因此，本章对指标体系的构建主要采用两种选取方法，即文献法和访谈法。

文献法首先要大量查阅国内外研究现状，提取相关指标并进行分类归纳，为指标选取提供理论支撑。本章以企业竞争力相关理论为基础，结合零售商管理理论、财务理论、市场营销理论等相关文献，进行甄别、筛选和归纳，从而初步形成新零售企业竞争力评价指标。

访谈法能够灵活、深入地对搜集的指标进行初次评估，并从访谈中对初次选取的评价指标进行修正和完善，从而使评价体系更加科学和全面。

本章的访谈对象主要包括大型零售商的中高层管理人员和零售领域的研究专家。我们以面对面交流探讨的形式了解新零售实际运营管理中的情况，从而形成科学合理的新零售企业竞争力评价指标。

（二）竞争资源

1. 技术资源

近年来，新零售发展十分迅速，其中一个重要的支撑因素就是新兴技术的快速发展。艾瑞研究院根据零售技术的底层技术差异和对零售环节、业务场景赋能的角度的不同，将零售技术划分为零售数字技术、零售效率技术、零售体验技术三类。零售数字技术利用物联网、大数据、云计算、人工智能等技术，整合多源数据，提供智能化决策数据；零售效率技术利用无人机、物流机器人、云仓储等技术，提高物流效率；零售体验技术则是利用虚拟现实（VR）、增强现实（AR）等技术，优化线上消费体验，弥补线上零售与线下零售在顾客体验方面的差距。正是由于这些前沿技术的出现，零售企业实现了前所未有的精细化管理，从而大幅压低了零售成本，做到线上线下同价、同质，实现线上线下融合发展。为了更好地体现零售企业在竞争方面的优势，我们需要有一系列有关技术方面的指标来加以衡量。

（1）信息技术拥有率。信息技术拥有率反映企业在当前阶段已经拥有的信息技术软硬件的水平。其计算公式为：

信息技术拥有率＝信息技术总值÷企业总资产

信息技术拥有率越高，说明一个企业在信息技术方面的竞争力越强，未来的发展潜力越大。

（2）信息技术使用率。信息技术使用率反映企业对已经拥有的信息技术的使用情况。其计算公式为：

信息技术使用率＝正在使用的信息技术资产价值÷信息技术总值

信息技术使用率越高的零售企业，说明它对信息技术的应用越深入。如果大数据、人工智能、云计算、物联网等信息技术可以在零售企业得到深入、全面的应用，那么其可以对零售企业各个环节产生颠覆性的影响，培育强大的竞争力。

2. 文化资源

企业文化是一个企业在一定历史条件下，经过自身一定时期的经营管理所积淀的物质精神财富。企业文化可以分为"软文化"和"硬文化"。我们经常讨论的就是企业的"软文化"。"软文化"是指中间层的制度文化与核心层的精神文化。其中，核心层的精神文化是一个企业的灵魂，是企业航行的灯塔。优秀的企业文化是企业竞争的优势，能够凝聚企业员工的共识，增强企业员工的心灵归属感。在新零售的背景下，零售企业需要高度重视企业文化，加大力度培育企业文化，建设与零售企业相适应的文化。一个企业的文化是否与自身相适应，需要用以下指标来衡量：

（1）文化建设投资率。文化建设投资率用来反映企业对文化投入的重视程度。其计算公式为：

文化投资建设率＝用于文化建设的金额÷企业总销售额

文化建设投资率越高，说明一个企业对企业文化建设越重视，企业员工对企业的认同度可能就更高，其向心力就越大。

（2）社会形象。社会形象用来反映一个企业在社会上的口碑，具体来说，其可以用政府支持度、公益事业贡献率、美誉度等指标来衡量。一个企业的社会形象是其企业文化的延伸，良好的社会形象是一个企业具有极高经济价值的无形资产，是企业竞争优势的有力支撑。因此，企业在建设企业文化时，一定要注意维护自身的社会形象。

（3）现代企业制度的建立程度。企业制度作为企业的"硬文化"，在保证企业良好健康运行方面起着举足轻重的作用。要想让一个企业变得更加有竞争能力，必须建立现代化的企业制度。我们可以看到，现代社会中有很多企业，特别是中小企业，现代化的企业制度不完善，严重制约了其进一步发展。因此，现代企业制度的建立程度这一指标可以用来衡量一个企业的"硬文化"实力以及未来的发展潜力。现代化的企业制度越完善，则企业在未来的竞争中可能就更有优势，发展动力也可能更加强劲。

著名管理学大师杰克·韦尔奇认为，健康向上的企业文化是一个企业战无不胜的动力之源。企业的物质资源是有限的，只有企业文化资源能够源源不断。在新零售市场环境中，建立与企业发展相适宜的企业文化，将文化资源不断转化为物质资源，才能保持企业的可持续竞争能力。

3. 品牌资源

品牌资源对一个企业的生存发展至关重要，成功塑造一个品牌有利于推动企业成为一个有影响力的企业。在新零售的背景下，"80后"和"90后"新生代的消费者更愿意为舒适的购物环境、便捷的购物流程、个性化的商品定制投入更多的时间和金钱，这对整个社会消费形成了巨大的影响。企业一旦成功塑造一个品牌形象，将其植入消费者的心中，品牌便会转化为一个具有经济价值的无形资产，提升零售企业的竞争力。

（1）品牌知名度。品牌知名度是指潜在购买者认识到或记起某一品牌是某类产品的能力。品牌知名度可以划分为三个不同的层次，即品牌识别、品牌回想、第一提及知名度。品牌知名度的最高层次是第一提及知名度，一旦某种品牌达到该层次，则意味着该品牌在人们心目中的地位高于其他品牌。零售企业如果拥有这样的品牌，就拥有了巨大的竞争优势。

（2）品牌市场占有率。品牌市场占有率用来反映企业在市场上的地位。其计算公式为：

市场占有率＝某一企业某种品牌产品销售额（销售量）÷市场上同种产品销售额（销售量）

市场占有率越高的品牌产品，通常来说其竞争力也就越强，能够给企业带来的利润也就越大，因此市场占有率几乎是所有企业都十分重视的一个指标。

4. 人力资源

零售市场日趋激烈的竞争趋势，从根本上说是人才的竞争。人才作为企业的兴衰之基、发展之本，是决定企业在这场竞争中能否取得优势的核心和关键。充分利用好企业自身的人力资源，不断提高人力资源的素质，是新零售企业在竞争中立于不败之地的重要保障。在新零售生态圈中，人力变量始终在进行自我更迭与优化。只有这样，新零售企业才能始终保持强大的竞争力。随着零售环境的变化、顾客要求的提高，零售企业的人力资源成为衡量企业竞争力的最重要因素之一。因此，企业应该对企业人力资源的基本情况进行充分评估。

（1）企业高级管理人员综合素质。企业高级管理人员综合素质的高低在一定程度上决定了这个企业能走多远。管理人员综合素质是一个综合性的指标，可以多维度、定性化和定量化的进行综合衡量。例如，高级管理人员的学历、经验、心理承受能力、知识水平、战略水平等。在新零售时代，各种新概念、新模式层出不穷，这就需要企业高级管理人员有较高的综合素质来驾驭。

（2）员工受教育程度。如果说过去企业的发展靠的是员工数量，那么现在企业的发展靠的则是员工的知识水平。企业可以通过受教育年限、本科生占比、研究生及博士占比、名校学生占比等指标分析零售企业员工在学历方面的结构，大致判定企业员工的知识水平和基本能力，从而预测这个零售企业在未来竞争中的潜力和优势。

（3）人力资本开发成本率。人力资本开发成本率用来反映企业在人力资本开发上的投入。其计算公式为：

人力资本开发成本率＝用于人力资本开发总费用÷销售额

这个指标可以用来衡量企业对于人力资源开发的重视程度，人力资本开发成本率较高的企业，说明其对人才的重视程度比较高，舍得在培养人才方面投入。

（4）定编满足率。定编满足率用来反映企业招聘人力资源能力的强弱。其计算公式为：

定编满足率＝实际人工总数÷标准配置总数

定编满足率过高，如果超过100％，则会造成人力资源的浪费，增加不必要的成本；如果定编满足率过低，又会导致企业工作效率过低。

（5）人效。人效用来反映企业员工在一定时期内的平均销售额。其计算公式为：

人效＝企业在一定时期内的销售额÷该时期企业员工数

通过分析人效这个指标，我们可以知道每名工作人员在企业的贡献是多少，了解企业员工的表现情况，清楚企业员工哪些能力还需要提高，这样才能有针对性地对那些能力较弱的企业员工进行培训，更好地发挥人力资源效用。

（三）竞争能力

1. 供应链管理能力

供应链是指由供应商、制造商、仓库、配送中心和渠道商等构成的物流网络。供应链管理能力是指以供应链上的某一方作为主体，对供应链上的所有网络节点进行管理，以实现供应链上整体效率最高，降低企业面临的风险，降低整体成本，实现盈利增长的能力。零售企业的供应链一般是以零售企业为中心，对整个供应链实施领导，以保证商品的制造、仓储、运输等环节的衔接，保证商品不缺货、不脱销。无论是传统零售还是新零售，供应链管理能力都是其经营管理中的重要环节，与其竞争力大小密切相关。

（1）零供关系。供应商在整个供应链上处于十分重要的位置，零售企业业务活动离不开供应商，供应商是零售企业增值链条中不可缺少的一个重要组成部分。零售商与供应商的关系影响到下游消费者的利益，也关系到零售商的效益。对零售企业而言，与供应商保持良好的关系，充分实现和供应商之间的信息共享与资源交流，建立长久的合作关系，对竞争力的提升有积极意义。

（2）物流成本控制能力。零售企业经营中的一个关键就是保持成本低廉，物流成本是零售企业经营活动中的重要环节，特别是在信息技术发展的当下，物流成本的控制能力对零售企业的重要性与日俱增。有效控制好物流成本，对零售企业的竞争力的提升十分关键。物流成本控制能力可以通过物流总成本与销售收入的比值来衡量。

（3）配送能力。配送能力包括两个方面：一方面是供应商对零售企业进行配送供货，其配送时间的长短直接决定零售企业能否保证商品货量充足而不至于发生缺货的情况；另一方面是在新零售的大背景下，新零售企业能否为消费者提供快速的送货上门服务，是影响消费者购物体验好坏的重要方面。配送时间越短，相应地就能够给消费者越好的购物体验。另外，新零售企业一次性配送货物的数量越多，越能形成规模效应，从而节约配送成本。

（4）供应链管理柔性。供应链管理柔性指供应链对于需求变化的敏捷性，或者叫做供应商对于零售商需求变化的适应能力。需求变化是供应链上存在的一种客观现象，是市场需求的不确定性造成的。需求的不确定性会增加供应商的供货难度，这也是检验供应商供货能力的重要依据。柔性的供应链会帮助零售企业迅速适应市场需求的变化，从而抓住市场盈利机会。供应链管理柔性指标可以用供应商受到补货指令到完成供货所需平均时间来衡量。

（5）供应链信息共享程度。整条供应链上的节点企业应作为一个整体，建立长久的合作关系，并通过信息系统及时互通和共享信息，使供应商能及时了解零售企业的销售、需求情况。因此，零售企业可以避免商品脱销，在信息共享的条件下随时补充存货，减少库存量，节约商业资本。同时，零售企业也降低了物流信息成本，更好地满足顾客的需要。

2. 创新能力

创新能力是指企业在不断变化的内外环境中，不断进行自我调整和革新的能力。创新是企业保持活力的重要源泉，也是企业维持较强竞争力的重要保证。创新往往能使企业找到获取新的竞争优势的突破点，或者使企业能够突破当前发展的"天花板"，拓展新的发展空间。零售企业的创新包括技术上的创新和管理上的创新。技术上的创新更多强调企业在硬件方面的升级和创新，以提高企业的运营效率并降低成本，如通过研制出自动化结算系统，提高顾客的结算效率，并降低人工成本。管理上的创新更多强调组织上、程序上和制度上的创新，以激发企业活力，提高员工工作效率等。

（1）研发经费投入比重。研发经费投入比重反映出企业对创新研发的重视程度，同时一定程度上也反映出企业的创新能力大小。研发经费越充足，就越能够为研发人员提供一个优良的研发环境，尤其是在研发硬件设施上越可以得到更新与升级，增强企业的创新研发能力。该指标可以用企业研发经费投入与企业的销售总收入的比值来表示。

（2）技术型人才比重。人才是一个企业生存发展的最重要的战略资源，其中技术型人才是其人才资源的重要方面。技术型人才是零售企业主要的创新型人才，技术型人才占企业全体员工的比重可以反映出企业在创新研发方面的人力投入。该比重越高，企业的创新能力往往越强。

（3）创新激励机制。创新激励机制是为了鼓励零售企业全体员工在实际工作过程中大力创新所制定的激励制度，使员工更有动力去发现问题，并找出解决问题的更好办法，提高企业的运营管理效率，降低企业的运营成本。科学合理的创新激励机制，可以大大激发员工的想象力和创造力，提高企业的创新效率。该指标综合考虑了企业有关创新激励机制方面的完善情况、企业的重视情况等。

（4）业态创新能力。在新零售时代，仅靠单一的零售业态进行经营将大大降低企业的经营效率，单一的零售业态会限制企业的生存发展空间。例如，便利店业态随处可见，大大方便了购物活动，但是便利店的商品种类较少，可供消费者选择的范围非常小。如果单靠经营便利店一种零售业态，不利于一站式购物模式的形成，会使得较多的消费者流失。李飞和刘明威认为，世界上优秀的零售企业都有极强的零售业态创新能力，如沃尔玛创造了购物广场，开市客创建了会员制仓储商店等，这些业态创新帮助零售企业获得了很好的竞争优势。零售业态创新，意味着企业不断开发并完善具有竞争优势的新型零售业态，这已经成为零售企业塑造竞争优势的重要方法。业态创新能力指标可以通过评估新零售企业正在运营的零售业态种类数和每种业态的经营效率得到。

（5）渠道创新能力。渠道创新能力是指新零售企业对新的销售渠道的开拓能力和运营能力。开辟多种类的销售渠道就是新零售企业为了满足消费者在任何时候、任何地点、以任何方式购买的需求，而且各种渠道能够给消费者提供无差别的购买体验。在新零售时代，零售业已经由最初的单渠道演变到如今的全渠道。在移动互联时代，任何一种信息传递路径都可能演变成一种新的零售渠道。渠道创新能力指标正是反映新零售企业利用各种信息传递路径，并将其转化为企业营销渠道的能力，如直播带货、短视频带货、推文带货等。

3. 客户服务能力

随着经济发展水平和人们生活水平的提高以及零售市场消费主力的变化，客户对新零售企业的服务能力提出了更高的要求。消费者群体的一个突出的特点就是更加注重消费过程中的服务水平和质量。消费者在消费商品的同时也在消费服务，谁能够给消费者提供个性化、贴心、一流的服务，谁就能吸引更多的客户。同时，独具特色的服务也增强了消费者的忠诚度，从而进一步提升了企业的竞争力。在当下的零售市场环境中，商品的同质化现象非常严重，零售企业要想提高竞争力，在商品上下功夫花费的成本所带来的边际报酬较低，零售企业可以通过给顾客提供满意甚至超出预期的服务来提高零售企业的竞争力。由于服务的理念、服务的态度等方面的差异，零售企业的服务模式和方法不易被竞争对手模仿。零售企业的客户服务能力主要体现在以下几个指标上：

（1）售后服务渠道建设。许多零售企业的线下门店都成立了专业的售后服务部，这是售后服务渠道建设的具体体现。在新零售时代，随着消费者理念、消费者维权意识等的变化，消费者对售后服务的质量提出了较高的要求。零售企业单靠线下售后服务渠道的建设远不能满足消费者需求，还需要线上售后服务渠道的建设。线下售后服务渠道要求消费者必须亲自到线下实体店说明问题，才能享受售后服务，这种模式效率相对较低；而线上售后服务渠道可以先通过信息的沟通，了解消费者的具体需求，再提供解决方案，大大提高了售后服务效率。线上售后服务渠道具体包括电话渠道、微信渠道等。售后服务渠道建设指标用于度量零售企业售后服务渠道开通的数量以及总的服务效率。

（2）服务制度建设情况。零售企业出台的有关服务的制度、规定等是服务能力的一个重要体现，也是服务水平和质量的重要支撑。服务制度会将服务内容、服务程序、服务职责等进行明确细化和规范，让工作人员在提供服务时候有章可循，避免了相关服务混乱的情况出现。服务内容是企业可以提供的服务范围和模式，服务内容越多，意味着对消费者越有利，越容易受到消费者的欢迎，但是企业却要付出越多的成本和承担越大的风险。服务程序是在消费者提出服务需求时，零售企业做出规范的反应步骤以及不断完善的服务流程。服务程序优化可以显著提高服务质量。服务职责是对身处服务部门的工作人员做出具体的工作要求，并建立相应的工作追责制度，使相关工作人员不敢懈怠。服务制度的建设对于规范服务过程起着重要的作用，科学合理的服务制度对于提高服务能力有着极其重要的作用。

（3）智能化服务水平。在新零售背景下，零售企业依托互联网客服、智能自助客服等新技术可以显著提高服务效率，减少对人力的依赖，从而提高零售企业的服务竞争力。互联网客服主要是通过 QQ、微信以及企业自建应用程序等技术工具服务消费者。互联网客服的终端还是由人工进行操作的，其主要的功能包括解答消费者的疑问、提供技术支持、消除客户的不满等，在线上和客户进行实时交流及资料传送。经过多年的探索和建设，互联网客服在产品销售、客户维权等方面已经可以发挥重要的作用。智能自助客服，即通过智能机器人、大数据终端等对客户的需求提供解决方案。智能自助客服的终端是不需要人工操作的，但是其服务的内容和项目往往比较单一，不能满足客户的多样化需求，是人工客服的补充，可以提高服务效率，提高客户服务响应时间，提升客户体验。

4. 全渠道管理能力

全渠道零售是新零售开展的基础，也是新零售实施的具体路径。因此，研究新零售就不得不对全渠道展开研究。众多学者的研究表明，零售渠道的演化发展经历了四个过程，即单渠道、多渠道、跨渠道与全渠道。

企业为实现消费者全天候、多空间、个性化的购物、社交、娱乐等综合体验需求，通过渠道间（有形店铺与无形店铺）的高度整合（跨渠道）协同，使消费者能够在渠道间随心所欲无缝穿梭，提高零售效率，提高消费者的购物体验和参与感。全渠道是一种以消费者为中心的渠道模式。零售企业的全渠道管理能力是其竞争力的重要组成部分，主要对零售企业的渠道开拓能力、渠道协同程度、渠道壁垒破除能力以及跨界渠道建设能力做出考量。

（1）渠道开拓能力。多年的实践与理论研究证明，单一的零售渠道发展具有独有的特征，包括发展优势和不足，如传统的线下实体店零售可以给消费者带来良好的体验、便利的服务以及快速获取商品的能力，但是在市场影响能力、运营成本等方面则大打折扣；而传统的电子商务模式则跟线下实体零售具有相反的特征。各种渠道具有不同的特征，消费者可以根据自己的消费需求，选择合适的消费渠道。多条零售渠道的融合与新媒体的大量出现能够为企业在与顾客沟通互动、顾客行为洞察、零售服务创新、零售服务传递等方面提供更加丰富和多元化的选择空间。渠道开拓能力是对零售企业开拓不同零售渠道的能力做出考察，需要对其开拓新渠道的技术资源、人力储备、运营理念等进行综合评判。

（2）渠道协同程度。根据前面的分析可以知道，不同的零售渠道具有不同的特征，这也导致了不同的渠道之间优劣势明显。新零售模式的重要前提是各种渠道之间发挥各种渠道的互补优势，在零售过程中进行充分融合与协同，提高零售效率。零售过程可以分为三个阶段，即售前阶段、售中阶段和售后阶段。售前阶段的主要目标是通过多种渠道搜集包括产品质量、价格、库存等产品信息，并初步确定所购买产品的类型。在售中阶段，消费者利用产品评价、客服咨询，确定所购商品的具体属性，选择合适的商品尺码、颜色等，最终确定购买商品类型，并获得商品。在售后阶段，经过产品的使用，消费者就商品的质量等与自己的期望以及各方面的信息做对比，确定是否需要要求商家提供退换货等服务。零售过程可以分布在不同的零售渠道类型中，且多个渠道间的零售过程可以任意相互整合，最后构成消费者完整的全渠道零售购买过程。对于消费者而言，零售过程的三个阶段具有不同的目的，不同的渠道可以更好地满足消费者在购物过程中的需求。例如，零售企业可以充分利用线上渠道信息搜索的便捷性，在售前阶段为消费者提供海量选择信息，从而达到为售中阶段吸引客流的目的。零售渠道之间的协同，使消费者可以通过线上下单、门店提货；线下体验、线上下单或门店下单、物流配送等多种模式来满足自身的体验需求。

（3）渠道壁垒破除能力。零售企业要实现新零售背景下的全渠道零售，必须要对企业内部构造、流程、文化等方面进行改造，打破消费者在各种渠道之间进行选择的壁垒，包括各种渠道之间的流通壁垒、信息壁垒、售后服务壁垒等。对零售企业渠道壁垒的评价可以从货品一体化、消费者信息一体化两个方面入手。货品要实现货品互通、库存共享，所有货品在所有渠道都可流转互通，将离线封闭库存变成在线开放库存，从而打破货品之间的流通壁垒，如消除电商特供等类型的货品，实现线上线下货品的一体化。消费者数据要全面数字化，实现线下各门店之间、线上与线下门店间的消费者数据和消费者权益（如会员权益、消费券）线上线下通用。货品一体化和消费者一体化是渠道壁垒破除的基础，零售企业通过这两者的数字化升级，让其成为各渠道联通的媒介，从而破除渠道壁垒。

（4）跨界渠道建设能力。随着经济社会的不断发展，居民的消费场景和消费对象越来越多元化，可供选择的产品和服务也越来越丰富。此外，消费者的消费场景碎片化，产业边界越来越模糊，生产制造企业、零售企业和消费者的关系也越来越模糊。这些新的现象也推动着零售运营理念、营销模式等方面发生着深刻变化。跨界渠道建设正是要通过零售将人们生活的各种场景进行串联，打破品牌定位界限、形式界限、内容界限、场景界限，使零售行为变得不再刻板，而是悄然融入消费者生活的方方面面，如在直播中分享化妆心得来销售化妆品、通过美食推介进行导购。跨界渠道的建设，就是要通过大数据等手段，搭建各种渠道，实现精准营销，让消费者在各种生活场景中接触到商品信息。

（四）竞争绩效

1. 总量规模

一个企业的总量规模代表了这个企业在市场上的地位和话语权，是衡量其竞争力强弱的重要指标。企业的总量规模越大，意味着这个企业掌握的市场资源越雄厚，在市场上的话语权越大，其竞争力也就越强。

（1）销售总额。销售总额是一个企业在一定时期内流入资产的价值。其计算公式为：

$$销售总额 = 销售商品的数量 \times 商品价格$$

一个企业的销售总额在一定程度上代表了该企业在某个行业中的地位，销售总额越高，说明企业的商品在该行业内越受顾客的青睐，其竞争力也就越强。

（2）净利润。净利润的计算公式为：

$$净利润 = 销售总额 - 总成本$$

零售企业属于典型的营利性组织，追求利润最大化是其最终目标。净利润是衡量企业盈利能力最直接的指标，相比于销售总额来说，净利润更能反映一个企业在运营管理方面的问题。净利润高，表明企业在运营管理时，既注重提高商品销售总额，也注重控制运营成本，说明企业的发展更加健康和具有可持续性。

（3）分公司总数。在现代社会中，越来越多的企业追求连锁经营，通过不断开设分公司来占领市场、壮大自身实力，因此分公司总数这一指标可以衡量一个零售企业在市场上的占有率和竞争力。分公司总数越多，说明该企业实力越雄厚，扩张能力越强，其竞争力相比于其他企业来说也就越强。

2. 营运绩效

营运绩效事关企业的生产、流通等各个环节。营运绩效与财务结构密切相关，对于企业来说，其在做出重大决策的时候，需要考虑到自身的财务结构。对于市场投资者来说，其要衡量一个企业是否具有长期竞争力和投资前景，也必须分析该企业的财务结构，了解该企业的资金来源和类型。

（1）营业利润率。营业利润率是衡量企业经营效率的指标，反映了在考虑营业成本的情况下，企业管理者通过经营获取利润的能力。其计算公式为：

营业利润率＝营业利润÷营业收入

营业利润率越高的企业，说明其获取利润的能力越强，越有充足的实力去完成扩张，竞争力也就越强。

（2）销售增长率。销售增长率是衡量企业经营状况和市场占有能力、预测企业经营业务拓展趋势的重要指标，也是企业扩张增量资本和存量资本的重要前提。其计算公式为：

销售增长率＝本年销售增长额÷上一年销售额

销售增长率较高，说明企业增长趋势明显，增长潜力显著，具有良好的发展前景和竞争力。

（3）资本积累率。资本积累率反映了企业在营运过程中积累资本的能力。其计算公式为：

资本积累率＝企业年末所有者权益的增长额÷同年年初所有者权益总额

资本累积率越高，说明企业在积累资本方面的能力越强。累积的资本又作为企业扩大再生产的来源，这样周而复始，资本积累率越高的企业，越有可能快速扩张自己，培养自己强大的竞争力。

（4）库存周转率。库存周转率是在某一时间段内库存货物周转的次数，是反映库存周转快慢程度的指标。其计算公式为：

库存周转率=出库数量÷（期初库存数量+期末库存数量）

对于零售企业来说，库存周转率越高表明销售情况越好。在物料保质期及资金允许的条件下，零售企业可以适当提高其库存控制目标天数，以保证合理的库存；反之，则可以适当降低其库存控制目标天数。

（5）目标完成率。目标完成率是用来衡量企业经营效率的重要指标，比率越高，表示整个企业越有战斗力，其经营绩效越高。其计算公式为：

目标完成率=实际完成的绩效÷计划完成的绩效

3. 管理绩效

零售企业在拥有技术资源、文化资源、品牌资源和人力资源等资源之后，还需要对这些资源进行整合、管理，让各种资源发挥最大的效用。只有充分利用好、管理好现有资源，才能切实提高企业的管理绩效。

（1）顾客满意度。顾客满意度是对顾客满意程度的衡量指标，通常可以分为很不满意、不满意、不太满意、一般、较满意、满意和很满意七个等级。调查顾客满意度可以让企业对自身品牌质量、价格水平、服务承诺履行情况有一个清晰的了解，从而找到企业在运营过程中的不足，更好地改进服务。除此之外，提高顾客满意度，会促进企业利润的增长、提升顾客对企业品牌的忠诚度，从而培育企业强大的竞争力。

（2）品牌市场占有率。品牌市场占有率可以用来反映企业在市场上的地位。其计算公式为：

市场占有率=某一企业某种品牌产品销售额（销售量）÷
市场上同种产品销售额（销售量）

市场占有率较高的品牌产品，通常来说其竞争力也就越强，能够给企业带来的利润也就越大，因此市场占有率几乎是所有企业都十分重视的一个指标。

（3）员工离职率。员工离职率是企业用以衡量企业内部人力资源流动状况的一个重要指标。企业通过对离职率的考察，可以了解企业对员工的吸引和满意情况，也可以在一定程度上衡量企业文化是否适应企业的发展。其计算公式为：

$$员工离职率＝离职人数÷企业员工总数$$

如果一个企业的员工离职率过高，那么这和企业文化是有很大关系的，说明了目前的企业文化在吸引人才方面出现了很大的问题。但是员工离职率也不是越低越好，正常的离职率有利于人才的流动，新鲜血液才可以经常注入企业。

三、新零售企业竞争力评价方法的确定

评价新零售企业的竞争力首先需要建立一套尽量科学完备的指标体系，然后需要借助科学、可行的评价方法对其进行准确的度量，以期得到一个客观合理的竞争力评价结果。新零售企业的竞争力是一个具有很强综合性的概念，而对其进行评价也是一个复杂的、多元化的过程。目前，对于零售企业的竞争力评价方法主要有综合评价指数法、主成分分析法、因子分析法、层次分析法、聚类分析法、模糊分析法等。这些评价方法各有适用的特点和适用的场合。本书先对一些较常使用的评价方法进行阐述和比较。

（一）主要评价方法的比较

1. 综合评价指数法

综合评价指数法是指利用指数的思想和方法，将所选择的有代表性的若干个指标综合成一个指数，从而对企业竞争力做出综合评判的方法。综合评价指数法根据各项指标的重要性程度对其赋予相应的权数，从而对各个指标进行加权平均计算。其中，确定权数的方法大体上可以分为两大类：一是主观构权法，根据相关专业人员的主观判断来确定各指标的权数；二是客观构权法，根据指标的原始数据信息，通过特定的统计方法处理后获得各指标的权数。综合评价指数法的优点是简单、灵活、易于操作和理解，通过把选定的多个指标合成一个综合指数，达到了松散的指标体系所达不到的效果。综合评价指数法的局限性在于将若干指标压缩成一个综合指数，损失了原有指标的大量信息，结果变得更为抽象，指标选择上具有一定的随意性，指标的权数分配也缺乏统一的定量标准。

2. 主成分分析法

主成分分析法也称主分量分析法，是一种利用降维的思想，在损失很少信息的前提下把多个指标转化为几个综合指标的多元统计方法。在企业竞争力评价中，更多的指标往往能更好地反映企业的竞争力，但是由于指标之间往往存在一定的相关性，一方面给评价工作带来巨大的复杂性，另一方面也很难反映企业竞争力的真实情况。主成分分析法可以将较多的指标进行降维，从而达到减少评估指标数量、删除重复信息又保留原指标所含大部分信息的目的。通常，我们把转化生成的综合指标称为主成分。其中，每个主成分都是原始变量的线性组合，它们保留了原始变量的大部分信息，且各个主成分之间互不相关。主成分分析通过对原始变量相关矩阵或协方差矩阵内部结构关系的研究，利用原始变量的线性组合形成几个综合指标（主成分），在保留原始变量主要信息的前提下起到降维与简化问题的作用，使得在研究竞争力问题时可以抓住主要矛盾，从而揭示竞争力内部变量之间的规律性。

3. 因子分析法

因子分析法是主成分分析法的推广，是将一些具有复杂关系的变量归结为少数几个综合因子的多元统计方法。因子分析法是根据原始变量相关性的大小对其进行分组，使得同组内的变量之间相关性较强，不同组的变量间的相关性较弱。每组变量代表一个基本结构，并用一个不可观测的综合变量表示，这个基本结构就称为公共因子。对于所研究的某一具体问题，原始变量就可以分解成两部分之和的形式：一部分是少数几个不可测的所谓公共因子的线性函数，另一部分是与公共因子无关的特殊因子。因子分析是属于多元分析中处理降维的一种统计方法，不仅可以用来研究变量之间的相关关系，还可以用来研究样本之间的相关关系。因子分析法与主成分分析法存在以下区别：一是因子分析法中的公共因子没有主成分那么综合，公共因子往往可以找到实际的含义，而主成分一般找不到实际的含义；二是因子分析法中的公共因子有方差损失，而主成分分析法的全部主成分没有方差损失。

4. 层次分析法

层次分析法（AHP）是在 20 世纪 70 年代中期由美国运筹学家托马斯·塞蒂（T.L.Satty）正式提出的一种定性和定量相结合的、系统化的、层次化的分析方法。层次分析法蕴涵了先分解后综合的系统思想，其基本原理是通过分析复杂问题包含的因素及其相互联系，将问题分解为不同的要素，并将这些要素归并为不同的层次，从而形成多层次结构；在每一层次可按某一规定准则，对该层次要素进行逐对比较，建立判断矩阵。计算判断矩阵的最大特征值和对应的正交化特征向量，可以得出该层次要素对于该准则的权重。我们可以在这个基础上计算出各层次要素对于总体目标的组合权重，从而得出不同设想方案的权值，为选择最优方案提供依据。层次分析法对人们的思维过程进行加工整理，提出了一套系统分析问题的方法，为科学管理和决策提供了比较有说服力的依据。但是层次分析法在很大程度上依赖于人们的经验，主观因素的影响很大，可能存在严重的片面性，结果较为粗糙，不能用于精度要求较高的决策问题。

5. 聚类分析法

聚类分析法是统计学中研究"物以类聚"问题的一种有效方法，属于统计分析的范畴，其实质是建立一种分类方法，将一批样本数据按照它们在性质上的亲密程度在没有先验知识的情况下自动进行分类。在企业竞争力评价中，聚类分析法主要用于企业竞争力的分类分析，即通过对不同企业的竞争力状况进行分类，判断企业竞争力的相对强弱。在经济、社会、人口研究中，存在大量分类研究、构造分类模式的问题。过去人们主要靠经验和专业知识，做定性分类处理，导致许多分类带有主观性和任意性，不能很好地揭示客观事物内在的本质差别和联系，特别是对于多因素、多指标的分类问题，定性分析更难以实现准确分类。随着多元统计分析方法的迅速发展，多元分析技术被引入分类学中，形成了数值分类学，并逐渐分离出聚类分析这个新的分支，为进行科学、准确分类提供了有效方法。

6. 模糊数学法

模糊数学是运用数学方法研究和处理模糊性现象的一门数学新分支。模糊数学法以"模糊集合"论为基础，提供了一种处理不肯定性和不精确性问题的新方法。模糊评价既有严格的定量刻画，也有对难以定量分析的模糊现象进行主观上的定性描述，即把定性描述和定量分析紧密地结合起来，因此比较适合企业竞争力的评价分析。模糊数学法是近年来发展较快的一种新方法。利用模糊数学法对企业竞争力进行评价分析的依据在于企业竞争力评价具有模糊性。通常我们会把企业竞争力按照强弱分成一些等级，但很难界定每个等级的标准。这种等级分类只是人们主观意识的结果，本身就有"模糊性"。在企业竞争力评价中，一些因素因为具有模糊性而不能简单地用一个分数来评价。考虑到这些因素，我们可以采用模糊数学法来对企业竞争力进行定量分析。

新零售企业竞争力评价是一项复杂的、系统的分析工作，在评价之前，需要建立与之匹配的评价模型方法。新零售企业竞争力的评价指标非常复杂，容易受到决策者的主观因素影响，且企业经营过程容易受到内外环境以及时间的影响，难以做到绝对全面预知影响新零售企业竞争力的所有因素。鉴于上述问题以及对相关评价方法的原理、步骤等进行对比，本书认为对于新零售企业竞争力的评价宜采用层次分析法和模糊综合评价法相结合的综合评价模型进行评价。这样一方面保证评价模型的科学性和合理性，另一方面可以充分发挥决策人员丰富的经验知识，保证评价结果更具有准确性和客观性。

（二）基于层次分析法和模糊综合评价法的评价步骤

1. 层次分析法

层次分析法可以确定权重具有逻辑性、系统性等特点，因此本章采用层次分析法来判定各指标的权重。计算步骤如下：

（1）建立层次结构模型。层次分析法的基本结构通常分为决策目标层、准则层、指标层、方案层（见图5-1）。

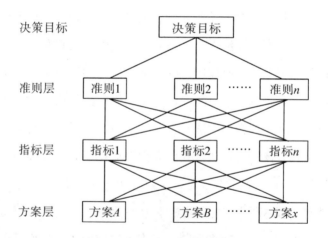

图5-1 层次分析法的基本结构

（2）构造判断矩阵。层次分析法将同一层级的指标进行两两重要程度对比，构建判断矩阵 A。九标度法判断及其含义如表5-1所示。

表5-1 九标度法判断及其含义

标度/d_{ij}	含义	标度/d_{ij}	含义
1	因素 i 与因素 j 同等重要	2	重要度介于1~3
3	因素 i 比因素 j 稍重要因素	4	重要度介于3~5

表5-1(续)

标度/d_{ij}	含义	标度/d_{ij}	含义
5	因素 i 比因素 j 较重要	6	重要度介于5~7
7	因素 i 比因素 j 更重要	8	重要度介于7~9
9	因素 i 比因素 j 更重要	$1/d_{ij}$	重要性与上述比较含义相反

（3）计算权向量。层次分析法用求和法求出判断矩阵的解。层次分析法通过计算判断矩阵 D，可以计算出每一行元素的几何平均值。

进行归一化处理：

$$W_{ij} = d_{ij} / \sum_{i=1}^{n} d_{ij}$$

计算最大特征值：

$$\lambda_{max} = \sum_{i=1}^{n} \frac{(Aw)_i}{nw_i}$$

其中，n 是指标个数，d_{ij} 表示第 i 个指标与第 j 个指标的相对权重。

（4）随机一致性检验。各位专家的知识结构、工作经验和专业经验的差异导致评价结果不一致。为了保证评价的一致性，便于数据分析，层次分析法需要进行随机一致性测试，检验所得结果的可靠性。随机一致性指标 CI 的计算公式如下：

$$CI = \frac{\lambda_{max} - n}{n - 1}$$

层次分析法需要查找相应的平均随机一致性指标 RI，如表5-2所示。

表 5-2 平均随机一致性指标

n	1	2	3	4	5	6	7	8	9
RI	0	0	0.58	0.90	1.12	1.24	1.32	1.41	1.45

计算一致性的公式为：

$$CR = CI \div RI$$

当 $CR=0$ 时，判断矩阵有完全一致性；当 $CR<0.1$ 时，判断矩阵的一致性较好，可以接受；当 $CR>0.1$ 时，判断矩阵需要进行调整，直到一致性满意为止。

2. 模糊综合评价法

模糊综合评价法是利用模糊数学法对受到多个指标影响的对象系统进行综合评价的评价方法，可以将定性评价转化为定量评价。一般来说，模糊综合评价法应该与层次分析法相结合。模糊综合评价法的评价步骤如下：

（1）划分子因素集及等级域。我们在用层次分析法建立的层次结构模型中的各层次建立元素集，并根据各元素的所属关系确定因素集 $Ui = \{Ui1, Ui2, Ui3, \cdots, Uik\}$，$(i = 1, 2, 3, \cdots)$，即 Ui 中包含 k 个子因素。我们确定评语等级域 $V = \{v1, v2, \cdots, vm\}$。评语等级域 V 是评价主体对评价目标做出总体评估结果的集合，一般分为五个级别的结果，即极低、较低、一般、较高、极高。

（2）根据专家评估生成判断矩阵。我们通过计算得出每种评分的专家人数占总人数的比例。例如，10%的专家给出极高评价，60%的专家给出较高评价，30%的专家给出一般评价，则该指标的判断矩阵为 $[0.1, 0.6, 0.3, 0, 0]$。我们可以明确各指标层中的评价指标对于评语集 V 中各评价的隶属度 r_{ij}，得出相应的模糊关系，用矩阵 R 表述。因此，m 个评价集即可组成一个总体的评价矩阵，确立被评价对象从 U 到 V 的模糊关系。

$$R = \begin{pmatrix} r_{11} & r_{12} & \cdots & r_{1m} \\ r_{21} & r_{22} & \cdots & r_{2m} \\ \cdots & \cdots & \cdots & \cdots \\ r_{n1} & r_{n2} & r_{n3} & r_{nm} \end{pmatrix}, \ 0 \leqslant r_{ij} \leqslant 1$$

（3）模糊综合评价。我们利用上一步骤形成的模糊关系，并将前述中基于层次分析法所形成的各指标权重 W 与被评价对象的模糊关系矩阵 R 进行合成，得出指标的总体评价向量。

$$B = W \times R = (w_1, w_2, \cdots, w_n) \times \begin{pmatrix} r_{11} & r_{12} & \cdots & r_{1m} \\ r_{21} & r_{22} & \cdots & r_{2m} \\ \cdots & \cdots & \cdots & \cdots \\ r_{n1} & r_{n2} & r_{n3} & r_{nm} \end{pmatrix} = (b_1, b_2, \cdots, b_m)$$

其中，b_i 是 A 和 R 的第 j 列运算得出的，代表被评价对象总体对模糊子集的隶属程度。

（4）确定评价目标的最终评价等级。我们将准则层元素对目标的评价向量进行归一化处理，并且按照模糊综合评价法的最大隶属度原则找出最大值，即为最终评价等级。本章采用的模糊算子，即加权平均型算子全面考虑了各个因素的权重高低，比较适合本次研究。

加权平均型算子为：

$$M(\cdot, +)$$

$$b_j = \sum_{i=1}^{n} a_i \cdot r_{ij} (j = 1, 2, \cdots m)$$

四、中国新零售企业竞争力评价研究

（一）样本选取

经过不断探索，新零售相关领域的研究不断推进，新零售实践更是不断深入。入局新零售板块的不仅有大型零售企业，如阿里巴巴集团和永辉超市等，还有非零售企业，如顺丰快递、大卫地板等。不同企业对新零售的概念和内涵的理解各有差异。综合考虑新零售企业数据易得性等因素，本书在研究过程中选取了符合新零售模式基本内涵的五家新零售企业。被选企业均为所属业态的头部企业，具有较强的代表性。其中包括最早进入新零售领域的盒马鲜生、大型手机和数码产品销售商小米之家、大型互联网零售商苏宁易购、最早开展线上线下融合发展的大型商场银泰百货以及第一家可整体复制的无人值守便利店缤果盒子。为了研究结果的准确性和可参考性，本书对选取的企业进行了多方面考量。从零售业态角度看，本书选取的企业包括超市、便利店、专卖店、专业店和百货商场等当前的主流业态；从各零售企业所售商品层次看，本书选取的企业包括低、中、高档商品；从企业定位看，本书选取的企业包括了一站式购买、便利型购买、专业型购买等类型。

（二）层次分析法权重的确定

本书在运用层次分析法对零售企业的评价指标进行权重计算的时候，主要通过向从事零售行业研究多年的专家学者以及从事零售行业工作数年的高层管理人员共 10 人发放新零售企业竞争力评价指标体系权重调查问卷，得到计算的原始数据。

1. 一级指标权重计算

我们通过对 10 名专家的打分取其均值，对 3 个一级指标建立了相应的判断矩阵 D。

$$D = \begin{bmatrix} 1.00 & 0.33 & 2.00 \\ 3.00 & 1.00 & 5.00 \\ 0.50 & 0.20 & 1.00 \end{bmatrix}$$

根据上述内容中介绍的层次分析法的原理和方法，我们运用 Spssau 在线计量软件，计算出竞争资源、竞争能力、竞争绩效 3 个一级指标的最大特征值、一致性指标等数据，并得出一级指标相对于目标层的权重。软件运行结果如下：

λ_{max} = 3.004, CI = 0.002, RI = 0.520, CR = 0.004 < 0.1

上述判断矩阵通过一致性检验，3 个一级指标对应的目标层的权重如下：

$$W = (0.229\ 9,\ 0.648\ 0,\ 0.122\ 2)$$

2. 二级指标权重计算

同理可得第二级指标的相关运算结果，技术资源、文化资源、品牌资源、人力资源 4 个二级指标对应于竞争资源的一致性检验结果如下：

$$\lambda_{max} = 4.177,\quad CI = 0.059,\quad RI = 0.890,\quad CR = 0.066 < 0.1$$

通过一致性检验，对应的权重如下：

$$W_1 = (0.463\ 8,\ 0.095\ 6,\ 0.233\ 8,\ 0.206\ 9)$$

供应链管理能力、创新能力、客户服务能力、全渠道管理能力 4 个二级指标对应于竞争能力的一致性检验结果如下：

$$\lambda_{max} = 4.122,\quad CI = 0.041,\quad RI = 0.890,\quad CR = 0.046 < 0.1$$

通过一致性检验，对应的权重如下：

$$W_2 = (0.274\ 8,\ 0.387\ 3,\ 0.139\ 7,\ 0.198\ 1)$$

总量规模、营运绩效、管理绩效 3 个二级指标对应于竞争绩效的一致性检验结果如下：

$$\lambda_{max} = 3.009,\quad CI = 0.005,\quad RI = 0.520,\quad CR = 0.009 < 0.1$$

通过一致性检验，对应的权重如下：

$$W_3 = (0.163\ 8,\ 0.539\ 0,\ 0.297\ 3)$$

3. 三级指标权重计算

同理可得第三级指标的相关运算结果，信息技术拥有率、信息技术使用率 2 个三级指标对应于技术资源的一致性检验结果如下：

$$\lambda_{max} = 2.000,\quad CI = 0,\quad RI = 0,\quad CR = 0 < 0.1$$

通过一致性检验，对应的权重如下：

$$W_{11} = (0.333\ 3,\ 0.666\ 7)$$

文化建设投资率、社会形象、现代企业制度的建立程度 3 个三级指标对应于文化资源的一致性检验结果如下：

$$\lambda_{max} = 3.018,\quad CI = 0.009,\quad RI = 0.520,\quad CR = 0.018 < 0.1$$

通过一致性检验，对应的权重如下：

$$W_{12} = (0.169\ 8,\ 0.442\ 9,\ 0.387\ 3)$$

品牌市场占有率、品牌知名度 2 个三级指标对应于品牌资源的一致性检验结果如下：

$$\lambda_{\max} = 2.000, \quad CI = 0, \quad RI = 0, \quad CR = 0 < 0.1$$

通过一致性检验，对应的权重如下：

$$W_{13} = (0.500\ 0,\ 0.500\ 0)$$

企业高级管理人员综合素质、员工受教育程度、人力资本开发成本率、定编满足率、人效 5 个三级指标对应于人力资源的一致性检验结果如下：

$$\lambda_{\max} = 5.209, \quad CI = 0.052, \quad RI = 1.120, \quad CR = 0.047 < 0.1$$

通过一致性检验，对应的权重如下：

$$W_{14} = (0.230\ 2,\ 0.150\ 1,\ 0.153\ 9,\ 0.080\ 2,\ 0.385\ 8)$$

零供关系、配送能力、物流成本控制能力、供应链管理柔性、供应链信息共享程度 5 个三级指标对应于供应链管理能力的一致性检验结果如下：

$$\lambda_{\max} = 5.080, \quad CI = 0.020, \quad RI = 1.120, \quad CR = 0.018 < 0.1$$

通过一致性检验，对应的权重如下：

$$W_{21} = (0.060\ 7,\ 0.211\ 0,\ 0.196\ 2,\ 0.382\ 2,\ 0.149\ 9)$$

研发经费投入比重、技术型人才比重、创新激励机制、业态创新能力、渠道创新能力 5 个三级指标对应于创新能力的一致性检验结果如下：

$$\lambda_{\max} = 5.307, \quad CI = 0.077, \quad RI = 1.120, \quad CR = 0.069 < 0.1$$

通过一致性检验，对应的权重如下：

$$W_{22} = (0.154\ 3,\ 0.091\ 5,\ 0.105\ 4,\ 0.292\ 9,\ 0.355\ 8)$$

售后服务渠道建设、服务制度建设情况、智能化服务水平 3 个三级指标对应于售后服务能力的一致性检验结果如下：

$$\lambda_{\max} = 3.054, \quad CI = 0.027, \quad RI = 0.520, \quad CR = 0.052 < 0.1$$

通过一致性检验，对应的权重如下：

$$W_{23} = (0.311\ 9,\ 0.197\ 6,\ 0.490\ 5)$$

渠道协同程度、渠道壁垒破除能力、跨界渠道建设、渠道开拓能力 4 个三级指标对应于全渠道管理能力的一致性检验结果如下：

$$\lambda_{max} = 4.057, \quad CI = 0.019, \quad RI = 0.890, \quad CR = 0.021 < 0.1$$

通过一致性检验，对应的权重如下：

$$W_{24} = (0.074\ 3,\ 0.436\ 9,\ 0.294\ 2,\ 0.194\ 7)$$

销售总额、净利润、分公司总数 3 个三级指标对应于总量规模的一致性检验结果如下：

$$\lambda_{max} = 3.000, \quad CI = 0, \quad RI = 0.520, \quad CR = 0 < 0.1$$

通过一致性检验，对应的权重如下：

$$W_{31} = (0.571\ 4,\ 0.285\ 7,\ 0.142\ 9)$$

营业利润率、销售增长率、资本积累率、库存周转率、目标完成率 5 个三级指标对应于营运绩效的一致性检验结果如下：

$$\lambda_{max} = 5.319, \quad CI = 0.080, \quad RI = 1.120, \quad CR = 0.071 < 0.1$$

通过一致性检验，对应的权重如下：

$$W_{32} = (0.174\ 0,\ 0.339\ 0,\ 0.125\ 4,\ 0.209\ 5,\ 0.152\ 1)$$

顾客满意度、品牌市场占有率、员工离职率 3 个三级指标对应于管理绩效的一致性检验结果如下：

$$\lambda_{max} = 3.095, \quad CI = 0.047, \quad RI = 0.520, \quad CR = 0.091 < 0.1$$

通过一致性检验，对应的权重如下：

$$W_{33} = (0.532\ 1,\ 0.366\ 1,\ 0.101\ 8)$$

根据上述计算结果可以得到如表 5-3 所示的新零售企业竞争力指标权重。

表 5-3　新零售企业竞争力指标权重

一级指标	二级指标	三级指标	三级指标合成权重
竞争资源 （0.229 9）	技术资源 （0.463 8）	信息技术拥有率（0.333 3）	0.035 5
		信息技术使用率（0.666 7）	0.071 1
	文化资源 （0.095 6）	文化建设投资率（0.169 8）	0.003 7
		社会形象（0.442 9）	0.009 7
		现代企业制度的建立程度（0.387 3）	0.008 5
	品牌资源 （0.233 8）	品牌知名度（0.500 0）	0.026 9
		品牌市场占有率（0.500 0）	0.026 9
	人力资源 （0.206 9）	高级管理人员综合素质（0.230 2）	0.010 9
		员工受教育程度（0.150 1）	0.007 1
		人力资本开发成本率（0.153 9）	0.007 3
		定编满足率（0.080 2）	0.003 8
		人效（0.385 8）	0.018 3
竞争能力 （0.648 0）	供应链管理 能力 （0.274 8）	零供关系（0.060 7）	0.010 8
		配送能力（0.211 0）	0.037 6
		物流成本控制能力（0.196 2）	0.034 9
		供应链管理柔性（0.382 2）	0.068 1
		供应链信息共享程度（0.149 9）	0.026 7
	创新能力 （0.387 3）	研发经费投入比重（0.154 3）	0.038 7
		技术型人才比重（0.091 5）	0.023 0
		创新激励机制（0.105 4）	0.026 5
		业态创新能力（0.292 9）	0.073 5
		渠道创新能力（0.355 8）	0.089 3
	客户服务能力 （0.139 7）	售后服务渠道建设（0.311 9）	0.028 2
		服务制度建设情况（0.197 6）	0.017 9
		智能化服务水平（0.490 5）	0.044 4
	全渠道 管理能力 （0.198 1）	跨界渠道建设（0.074 3）	0.009 5
		渠道协同程度（0.436 9）	0.056 1
		渠道壁垒破除能力（0.294 2）	0.037 8
		渠道开拓能力（0.194 7）	0.025 0

表5-3(续)

一级指标	二级指标	三级指标	三级指标合成权重
竞争绩效 (0.122 2)	总量规模 (0.163 8)	销售总额(0.571 4)	0.011 4
		净利润(0.285 7)	0.005 7
		分公司总数(0.142 9)	0.002 9
	营运绩效 (0.539 0)	营业利润率(0.174 0)	0.011 5
		销售增长率(0.339 0)	0.022 3
		资本积累率(0.125 4)	0.008 3
		库存周转率(0.209 5)	0.013 8
		目标完成率(0.152 1)	0.010 0
	管理绩效 (0.297 3)	顾客满意度(0.532 1)	0.019 3
		品牌市场占有率(0.366 1)	0.013 3
		员工离职率(0.101 8)	0.003 7

(三)模糊综合评价法计算得分

据前文所述的模糊综合评价原理和计算方法,我们可以对新零售企业的竞争力进行评价,从而得出样本企业的竞争力情况,并对相关结果进行分析,找出竞争力的影响因素。本章样本为5家在新零售领域表现较为活跃的零售企业。我们邀请了长期从事零售行业研究的专家学者和长期从事零售实践的高层管理人员共10名,并让他们对5家样本企业进行评价和判断。本章具体以盒马鲜生为例,展示专家们对该新零售企业的问卷结果及后续的运算过程,其余4家新零售企业的操作过程与之相似。

我们根据各位专家对盒马鲜生的评价情况,并对相关数据进行整理后,得出如表5-4所示的数据。

表 5-4 盒马鲜生专家评分

一级指标	二级指标	三级指标	强	较强	一般	较弱	弱
盒马鲜生							
竞争资源	技术资源	信息技术拥有率	7	3	0	0	0
		信息技术使用率	8	1	1	0	0
	文化资源	文化建设投资率	6	2	2	0	0
		社会形象	7	2	1	0	0
		现代企业制度的建立程度	6	1	1	1	1
	品牌资源	品牌市场占有率	5	4	1	0	0
		品牌知名度	7	2	1	0	0
	人力资源	高级管理人员综合素质	6	2	2	0	0
		员工受教育程度	5	3	1	1	0
		人力资本开发成本率	6	2	2	0	0
		定编满足率	7	1	1	1	0
		人效	6	2	2	0	0
竞争能力	供应链管理能力	零供关系	8	1	1	0	0
		物流成本控制能力	6	3	0	0	0
		配送能力	8	2	0	0	0
		供应链管理柔性	7	3	0	0	0
		供应链信息共享程度	6	1	2	1	0
	创新能力	研发经费投入比重	5	2	2	1	0
		技术型人才比重	5	1	2	1	1
		创新激励机制	6	1	1	1	1
		业态创新能力	9	1	0	0	0
		渠道创新能力	8	1	1	0	0
	客户服务能力	售后服务渠道建设	6	2	2	0	0
		服务制度建设情况	7	1	2	0	0
		智能化服务水平	7	2	1	0	0
	全渠道管理能力	渠道开拓能力	7	3	0	0	0
		渠道协同程度	6	1	2	1	0
		渠道壁垒破除能力	7	1	1	1	0
		跨界渠道建设	8	1	1	0	0

表5-4(续)

盒马鲜生							
一级指标	二级指标	三级指标	强	较强	一般	较弱	弱
竞争绩效	总量规模	销售总额	7	2	1	0	0
		净利润	7	2	1	0	0
		分公司总数	8	1	1	0	0
	营运绩效	营业利润率	7	2	1	0	0
		销售增长率	6	3	1	0	0
		资本积累率	7	1	1	1	0
		库存周转率	7	2	1	0	0
		目标完成率	7	1	1	0	0
	管理绩效	顾客满意度	8	1	1	0	0
		品牌市场占有率	9	1	0	0	0
		员工离职率	7	2	1	0	0

1. 确定因素集

在企业核心竞争力模糊评价指标体系中，3 个一级指标因素集合为 $U_1 = \{$竞争资源，竞争能力，竞争绩效$\}$，其中竞争资源的因素集合为 $U_{12} = \{$技术资源，文化资源，品牌资源，人力资源$\}$，其中技术资源的因素集合为 $U_{123} = \{$信息技术拥有率，信息技术使用率$\}$。同理，可以建立各层级指标对应于上一级指标的因素集。

2. 确定评语集

评语等级是评价主体对评价目标做出总体评估结果的集合，本书将新零售企业的竞争力评价分为五个等级，即 $V = \{$强，较强，一般，较弱，弱$\}$。

3. 建立模糊关系矩阵及模糊综合评价

由表 5-4 的专家评分情况可以得出技术资源的模糊关系矩阵如下：

$$R_{11} = \begin{bmatrix} 0.7 & 0.3 & 0 & 0 & 0 \\ 0.8 & 0.1 & 0.1 & 0 & 0 \end{bmatrix}$$

技术资源对应指标的权重是 $W_{11} = [0.333\ 3, 0.666\ 7]$，则技术资源的模糊综合评分如下：

$$B_{11} = W_{11} \times R_{11} = [0.766\ 6,\ 0.166\ 7,\ 0.066\ 7,\ 0,\ 0]$$

同样的步骤可以分别构建文化资源、品牌资源、人力资源、供应链管理能力、创新能力、客户服务能力、全渠道管理能力、总量规模、营运绩效、管理绩效对应的模糊关系矩阵 R_{12}，R_{13}，R_{14}，R_{21}，R_{22}，R_{23}，R_{24}，R_{31}，R_{32}，R_{33}，并求得各自的综合评分如下：

$$B_{12} = W_{12} \times R_{12} = [0.644\ 3,\ 0.161\ 3,\ 0.117\ 0,\ 0.038\ 7,\ 0.038\ 7]$$

$$B_{13} = W_{13} \times R_{13} = [0.600\ 0,\ 0.300\ 0,\ 0.100\ 0,\ 0,\ 0]$$

$$B_{14} = W_{14} \times R_{14} = [0.593\ 0,\ 0.207\ 0,\ 0.177\ 0,\ 0.023\ 0,\ 0]$$

$$B_{21} = W_{21} \times R_{21} = [0.689\ 6,\ 0.238\ 3,\ 0.036\ 0,\ 0.015\ 0,\ 0]$$

$$B_{22} = W_{22} \times R_{22} = [0.734\ 5,\ 0.115\ 4,\ 0.095\ 3,\ 0.035\ 1,\ 0.019\ 7]$$

$$B_{23} = W_{23} \times R_{23} = [0.668\ 8,\ 0.180\ 2,\ 0.151\ 0,\ 0,\ 0]$$

$$B_{24} = W_{24} \times R_{24} = [0.675\ 8,\ 0.114\ 9,\ 0.136\ 3,\ 0.073\ 1,\ 0]$$

$$B_{31} = W_{31} \times R_{31} = [0.714\ 3,\ 0.185\ 7,\ 0.100\ 0,\ 0,\ 0]$$

$$B_{32} = W_{32} \times R_{32} = [0.666\ 1,\ 0.206\ 2,\ 0.100\ 0,\ 0.027\ 8,\ 0]$$

$$B_{33} = W_{33} \times R_{33} = [0.826\ 4,\ 0.110\ 2,\ 0.063\ 4,\ 0,\ 0]$$

在以上指标的评价基础上由 B_{11}，B_{12}，B_{13}，B_{14} 的评价得分构成了新零售企业关于竞争资源评价的模糊关系矩阵如下：

$$R_1 = \begin{bmatrix} B_{11} \\ B_{12} \\ B_{13} \\ B_{14} \end{bmatrix} = \begin{bmatrix} 0.766\ 6 & 0.166\ 7 & 0.066\ 7 & 0 & 0 \\ 0.644\ 3 & 0.161\ 3 & 0.117\ 0 & 0.038\ 7 & 0.038\ 7 \\ 0.600\ 0 & 0.300\ 0 & 0.100\ 0 & 0 & 0 \\ 0.593\ 0 & 0.207\ 0 & 0.177\ 0 & 0.023\ 0 & 0 \end{bmatrix}$$

进一步地，由于竞争资源对应的二级指标权重为

$$W_1 = [0.463\ 8,\ 0.095\ 6,\ 0.233\ 8,\ 0.206\ 9]$$

则竞争资源的综合评分为

$$B_1 = W_1 \times R_1 = [0.680\ 1,\ 0.205\ 7,\ 0.102\ 1,\ 0.008\ 5,\ 0.003\ 7]$$

由 R_{21}，R_{22}，R_{23}，R_{24} 的评价得分构成新零售企业关于竞争能力评价的模糊关系矩如下：

$$R_2 = \begin{bmatrix} B_{21} \\ B_{22} \\ B_{23} \\ B_{24} \end{bmatrix} = \begin{bmatrix} 0.689\ 6 & 0.238\ 3 & 0.036\ 0 & 0.015\ 0 & 0 \\ 0.734\ 5 & 0.115\ 4 & 0.095\ 3 & 0.035\ 1 & 0.019\ 7 \\ 0.668\ 8 & 0.180\ 2 & 0.151\ 0 & 0 & 0 \\ 0.675\ 8 & 0.114\ 9 & 0.136\ 3 & 0.073\ 1 & 0 \end{bmatrix}$$

进一步地，由于竞争能力对应的二级指标权重为

$$W_2 = [0.274\ 8,\ 0.387\ 3,\ 0.139\ 7,\ 0.198\ 1]$$

则竞争能力的综合评分为

$$B_2 = W_2 \times R_2 = [0.701\ 3,\ 0.158\ 1,\ 0.094\ 9,\ 0.032\ 2,\ 0.007\ 6]$$

由 R_{31}，R_{32}，R_{33} 的评价得分构成新零售企业关于竞争绩效评价的模糊关系矩阵如下：

$$R_3 = \begin{bmatrix} B_{31} \\ B_{32} \\ B_{33} \end{bmatrix} = \begin{bmatrix} 0.714\ 3 & 0.185\ 7 & 0.100\ 0 & 0 & 0 \\ 0.666\ 1 & 0.206\ 2 & 0.100\ 0 & 0.027\ 8 & 0 \\ 0.826\ 4 & 0.110\ 2 & 0.063\ 4 & 0 & 0 \end{bmatrix}$$

进一步地，由于竞争绩效对应的指标权重为

$$W_3 = [0.163\ 78,\ 0.539\ 0,\ 0.297\ 3]$$

则竞争资源的综合评分为

$$B_3 = W_3 \times R_3 = [0.721\ 6,\ 0.174\ 3,\ 0.089\ 1,\ 0.015\ 0,\ 0]$$

在以上一级指标的评价基础上，由 B_1，B_2，B_3 的评价得分构成了企业核心竞争力评价的模糊关系矩阵如下：

$$R = \begin{bmatrix} B_1 \\ B_2 \\ B_3 \end{bmatrix} = \begin{bmatrix} 0.680\ 1, & 0.205\ 7, & 0.102\ 1, & 0.008\ 5, & 0.003\ 7 \\ 0.701\ 3, & 0.158\ 1, & 0.094\ 9, & 0.032\ 2, & 0.007\ 6 \\ 0.721\ 6, & 0.174\ 3, & 0.089\ 1, & 0.015\ 0, & 0 \end{bmatrix}$$

一级指标的权重如下：

$$W = [0.229\ 87,\ 0.647\ 95,\ 0.122\ 18]$$

根据上述计算，我们可以进一步求得盒马鲜生这一新零售企业的综合竞争力评分如下：

$$B = W \times R = [0.698\ 9,\ 0.171\ 0,\ 0.095\ 8,\ 0.024\ 6,\ 0.005\ 8]$$

4. 确定评价目标的最终评价等级

引入评判标准相应的分数集合 $V = \{v_1,\ v_2,\ v_3,\ v_4,\ v_5\} = \{100,\ 80,\ 60,\ 40,\ 20\}$；根据 $F = V^* B^T$，我们可以计算出盒马鲜生这一新零售企业的竞争力综合评价得分数如下：

$$F = V^* B^T = (100,\ 80,\ 60,\ 40,\ 20) \begin{bmatrix} 0.698\ 9 \\ 0.171\ 0 \\ 0.095\ 8 \\ 0.024\ 6 \\ 0.005\ 8 \end{bmatrix} = 90.427\ 5$$

依照上述方法，我们可以计算得出另外 4 家新零售企业竞争力综合评价得分，并将最终得分划分为 5 个等价区间。其中，90 分以上为竞争力"很强"级别；80~90 分为竞争力"强"级别；60~80 分为竞争力"一般"级别；40~60 分为竞争力"弱"级别；40 分以下为竞争力"很弱"级别（见表 5-5）。

表 5-5　样本企业得分及评价等级

企业名称	竞争力得分	竞争力评判等级
盒马鲜生	90.427 5	很强
缤果盒子	82.525 8	强
小米之家	91.262 5	很强
苏宁易购	84.156 4	强
银泰百货	75.323 8	一般

五、竞争力形成机制分析

根据上述各个企业的核心竞争力综合评价分数，样本企业竞争力综合评价得分分布区间如表5-6所示。

表5-6　样本企业竞争力综合评价得分分布区间

分数区间	竞争力等级	企业名称	企业数量/家
90分以上	很强	盒马鲜生、小米之家	2
80～90分	强	缤果盒子、苏宁易购	2
60～80分	一般	银泰百货	1

（一）"很强竞争力"形成机制分析

竞争力综合评价分数处于很强级别的有2家，分别是盒马鲜生和小米之家。盒马鲜生于2016年1月成立，率先在上海建立了首家门店。在成立的第一年，盒马鲜生上海门店便取得了近2.5亿元的营业额，截至2020年年底，盒马鲜生已经在全国开设了200多家门店，月活用户数超过900万人。盒马鲜生的表现之所以如此亮眼，在于它突破了传统生鲜超市单一的购买渠道，采用"线上电商+线下门店"的经营模式，并有效地将"生鲜超市+餐饮体验+线上业务仓储"三大功能结合起来，形成了"超市+餐饮+物流+应用程序"的复合生态，通过把餐饮"搬"进店里，极大提高了生鲜周转率，降低了生鲜损耗率，将成本控制在最低水平。同时，盒马鲜生利用现代化的物流体系和大数据、物联网等信息技术，打通最后一公里，提高顾客的购物体验，降低仓储和物流成本。除此之外，盒马鲜生门店还起到了流量转化中心的作用，将大量线下用户转化为线上用户。据统计，2018年，盒马鲜生的下单转化率已经达到了35%，这意味着在100个浏览应用程序信息的人中，有35个人会选择下单，远远高于其他门店的这一数据。盒马鲜生提高了来客数之后，便能抵消开店成本，成功实现盈利。

小米之家成立于2010年，在短短几年内，其核心销售额已经突破1 000亿元，是世界上年均销售额增长最快的公司之一。小米之家坚持"让每个人都能享受科技带来的乐趣"，通过打造专门承载生态链的产品，利用互联网等工具，将线下体验和线上效率相融合，成功成为中国移动互联网创业的领军者。小米之家按照"零售＝客流量×转化率×客单价×复购率"的公式，通过选址对标快时尚、打造生态链产品、聚焦物联网等战略成功提高了客流量，之后又利用爆品战略和大数据选品提高了顾客的转化率，再通过提高连带率、增强体验感和品牌认知提高了客单价和复购率。正是这一系列战略让小米之家在短短几年内销售额突破1 000亿元。除此之外，小米之家十分看重利用大数据、物联网等技术降低成本和提高顾客的购物体验，做到线上线下同价。

我们通过分析盒马鲜生和小米之家这两家新零售企业，发现它们的一个重要的共同点就是利用大数据等信息技术对产品流通的各个环节做到精细化控制，极大降低了自身成本，实现了线上线下商品同质同价，提高了顾客的购物体验。也正因为如此，它们的竞争力才在五个样本企业中名列前茅。

（二）"强竞争力"形成机制分析

竞争力综合评价分数处于"强"级别的有2家，分别是苏宁易购和缤果盒子。苏宁易购成立于1990年，经过几十年的发展，到2019年，其营业额达到2 692.29亿元，同比增长9.91%，同时拥有完备的供应链仓储配送网络。2019年，苏宁易购快递网点覆盖全国，物流仓储及相关配套总面积达到1 210万平方米。另外，由于收购了家乐福（中国），苏宁易购和家乐福共享会员体系资源，线上线下相互融合导流。2019年，苏宁易购会员数量突破 5 亿人，同比增长 36.36%。苏宁易购从 2013 年开始推进线上线下的融合，打造"店商+电商+零售服务商"的"云商"模式，之后又依靠互联网、大数据和人工智能等信息技术的不断更新迭代，在推进"智慧零售"生态体系和线上线下的融合发展过程中不断更新。为实现全品经营、全渠道运营的发展目标，苏宁易购积极布局新零售，开放物流云、数据云和金融云服务，形成门店端、电脑端、移动端和家庭端"四端"的协同，全力打造智慧零售生态圈。但是，目前苏宁易购的净利润增长迟缓，2019 年归属于母公司所有者的净利润为 98.43 亿元，同比下降 26.15%。

缤果盒子的定位是全球第一家真正意义上的可规模化复制的 24 小时无人值守便利店。缤果盒子通过商品识别等无人零售相关技术和算法的搭建以及基于数字化程度的数据化处理来完善支付和交付两个最重要的环节，利用大数据等高新技术精准完成数据积累，将整个交易实现闭环，对仓储、采购、运输维护、配货、补货、消费者画像等每一个环节都做到了精准分析。缤果盒子具有显著的成本优势，其运营成本不到传统便利店的 15%，4 个人可以管理 40 家缤果盒子。但是，目前来看，缤果盒子的人工智能技术并不成熟，还需要做出很多改进。

苏宁易购和缤果盒子在业态创新、技术运用、营销、物流和服务等方面均有很强的竞争力，但是它们在盈利能力、选址风险等方面还有待改进，其竞争力处于较强水平。

（三）"一般竞争力"形成机制分析

银泰百货的竞争力综合评价分数处于一般级别。银泰百货于 2017 年开始布局新零售。到 2019 年，其业务分布在全国 30 多个城市，共有约 70 家门店，以 14.6% 的销售增速位居"2019 年中国连锁百强榜"第 18 位，逆势双位数增长。银泰百货通过组建"抢货小分队"和数据可视化系统，极大提高了物流效率和顾客满意度；同时，利用店仓一体化成功打造了 44 个千万元单品，1 000多个百万元单品。布局新零售以后，银泰百货追求的是同样生产资料的生产效率提升。但是，过去十几年的历程中，银泰百货的增长主要是靠规模的扩张。因此，银泰百货的新零售进程仍在继续，相关环节的数据化程度有待进一步提高，其竞争力在新零售行业中处于一般水平。

（四） 零售业态对新零售企业竞争力形成的影响

根据上述评价结果可以看出，在新零售快速发展的背景下，各种实体零售业态都用新零售的思维来加快创新升级，朝着数字化、智能化和融合化的方向发展，借助云计算、大数据等技术进行智能化管理，实现线上线下物流、资金流、信息流的高度统一，提高经营效率。然而，各种零售业态的新零售企业在新零售布局过程中，采取的思路和方式不尽相同，取得的成效也有差异。

具体来看，大型超市集零售、餐饮、娱乐等功能为一体，可以显著提高线下门店的生态复合度，满足消费者一站式消费需要。专卖店的线下门店以体验为主要功能，为线下线上导入大量用户数据，指导生产经营；专卖店还通过单一品牌构造产品矩阵，形成复合生态和品牌效应，提高消费者忠诚度。专业店运用新零售思维，借助大数据、云计算等先进技术，整合前台后台，加快线上线下融合发展。便利店"小而全"，其商业触角遍布城市各个角落，尤其是其便利性和及时性的特征提高了获客效率。无人便利店更是借助新兴技术提高智能化程度，节约了人力成本，并使其在获取消费数据方面相对容易。但是，便利店规模小、分布散和配送成本较高的问题，一定程度上影响了其单一业态的竞争力。百货商店的规模优势较为明显，但是其过分追求规模扩张，导致零售生态复合度较差，生态单一将极大降低其消费体验。此外，百货商店的数字化程度也有待进一步提高。

六、新零售企业竞争力提升的建议

2016 年以来，新零售模式和理念已经得到了广泛的实践和发展，尤其是近年来除了传统的零售巨头布局新零售板块外，其他行业的企业更是纷纷入局新零售。如何加快新零售行业朝着更深层次发展，进而带动零售产业和消费市场的整体升级是迫切需要解决的问题。通过分析新零售板块的代表性企业盒马鲜生、小米之家、苏宁易购、缤果盒子以及银泰百货，我们发现了这些新零售企业竞争力方面的一些突出优势和不足，并总结出了以下五个方面的建议：

（一）持续数字化升级，夯实数据支撑

新零售的核心是线上线下的融合发展，而实时更新、即时交换的零售数据是支撑这一核心高效有序运行的基础。在新零售线上线下融合发展的基本路径中应是数据先行，新零售企业的数字化建设成效是其综合竞争力的重要体现。新零售企业首先要转变传统观念，将数字化升级和大数据建设放到突出的位置，深刻理解数据这一新生产要素的重要价值；其次要丰富数据来源，注重数据收集，善于运用新兴技术手段，探索新的零售数据获取方式和路径；最后要善于将数据这一新生产要素高效合理地运用到相应的零售环节中，提高零售效率，如通过大数据驱动建设智慧物流，最大程度预测需求，从而引导生产和提高效率。

（二）加强业态创新，构建零售复合生态

新零售企业要提高企业的运营效率，必须加强业态创新，构建复合业态，从而提高综合竞争力。首先，新零售企业要加强业态创新能力，实现多业态共同发展，使零售企业提供的服务能覆盖到更多的消费者。长期的

实践证明，不同的业态形式有其不同的运作优势，单一业态会极大缩小客群的接触面和覆盖面，不利于潜在客群的挖掘。例如，盒马鲜生在发展的过程中尤其重视多业态的共同发展，相继推出盒小马精品超市、盒马 F2 便利店和盒马小站前置仓门店等多种业态，大大满足了不同人群的消费需求。其次，新零售企业要加强渠道生态建设，开拓新的带货渠道、信息传播渠道和获客渠道，并使各种渠道间形成良性闭环，增强零售企业和零售产品在客群中的"曝光率"，提高消费下单率。最后，新零售企业要加强跨界融合发展，提高零售附加值，增强新零售企业竞争力。新零售的跨界融合已是发展的大势所趋，尤其是跟餐饮、配送、娱乐等行业融合发展的趋势明显。新零售企业要通过自主发展或战略协同的方式，加强自身的多元化发展以及同相关行业企业的协同发展，更好地满足消费者需求，提高综合竞争力。

（三）增强渠道间协同能力，提高全渠道服务能力

新零售的一个重要特点就是线上线下融合发展，其中线上渠道和线下渠道之间、线下渠道之间以及线上渠道之间的协同是融合发展的重要内容。第一，新零售企业应该加快建立完善实体店、电脑端、移动端的全渠道建设，通过这些渠道丰富商品的选择和提供更便捷的购物方式，再借力高效的物流体系，从而对消费需求形成全覆盖，满足消费者任何时间、任何地点、任何方式的购买需求。第二，新零售企业要注重发挥线上、线下各种渠道的优势，以数据作为协同的媒介，使不同渠道间形成互联、互通和互补的关系，如通过"线上看货，线下体验，线上下单，极速配送"的方式，提高零售效率，并提升消费者的购物体验。

（四）提高供应链管理能力，建立现代化物流体系

传统的物流体系不仅耗费时间长，物流成本还居高不下，新零售应综

合运用大数据、人工智能等对传统的物流系统进行改造升级。首先，新零售企业要优化末端物流配送方式、缩短物流配送时间，提高消费者体验。例如，盒马鲜生的"后仓自动合单"系统基于大数据智能分析，以精确指引商品自动合单，助力后仓人员快速完成打包，并大大缩短配送时间。其次，新零售效率的提高必须依靠强大的供应链管理能力，新零售企业应借助大数据与人工智能等新兴技术的力量，建成反应速度快、柔性好的供应链系统。最后，新零售企业要打造良性的供应链伙伴关系，注重信息共享，建立矛盾化解机制，提高供应链整体质量和效率。

（五）构建以人为本服务理念，提升购物体验

新零售实现线上线下融合的根本宗旨应回到企业的价值主张，即真正在经营理念上以客户为中心，提升购物体验。首先，新零售企业应深刻意识到随着我国经济的较快发展，国民消费逐步由物质需求消费转变到物质需求消费和精神需求消费并重的消费方式，零售商品、购物环境等不仅应满足其物质消费需求，还应重视其消费体验，满足其精神消费需求，让客户更有参与感、体验感和互动感。其次，新零售企业应通过消费者信息的挖掘与分析，抓住消费者的个性化需求，不断创新零售模式，提高创新能力，实现精准营销，从而实现零售服务价值链增值。最后，新零售企业还要重视人才的引进和员工的培训，提高其营销技能和工作效率，从而更好地为消费者服务，还应合理建设一些自动化服务系统，如智能客服终端，提升企业的智能化服务水平，提高消费者购物体验。

第六章 中国新零售上市公司 线上线下经营效率比较研究

一、引言

无论哪一类企业，经营过程均是一个投入产出系统，零售企业也不例外。投入产出系统中，相同的投入效率，即经营效率下的产出效率，是一个零售企业竞争的根本，同时也为零售企业的战略决策和政府产业政策的制定提供了重要的信息。一项针对欧洲零售企业的研究表明，1990—1994年，被研究零售企业做的 111 个决策中，最大一类的决策（30%）是有关经营效率问题的（Walters & Laffy，1996）。因此，从全球零售企业经营效率的研究来看，其是近年来零售研究中的非常重要的方向（Barros & Alves，2004）。

对我国而言，对零售业经营效率的研究有着更重要的意义和价值，伴随着经济的快速增长，零售业经历了几个阶段的转折与发展，并取得了突出的成绩。国家统计局数据显示，1979—2018 年，我国社会消费品零售总额年均增长为 17.3%。2018 年，我国社会消费品零售总额已经达到 38.1万亿元。2011—2018 年，线上交易规模占社会消费品零售总额的比例逐年提升，从 2001 年的 4.1% 上升到 2018 年的 24.6%，线上零售企业的交易规模快速增长。一些线上零售业务甚至在业内获得了领导地位，如京东、苏宁易购、阿里巴巴等。与此同时，实体零售企业的业务发展呈现较大幅度的波动。2008—2014 年，实体零售业受挫严重，业绩下降，经营效率低下，而电商相应增速高、变化快，线上线下的竞争局面形成。2015 年开始，线上线下竞争态势发生了明显的改变，从竞争转向合作，专注实体经营的零售企业开始通过各种手段"触网"，开展线上业务，线上线下零售形成互补与相互依赖的格局。根据中国连锁经营协会的统计，2018 年连锁百强线上销售业务增长 55.5%，增幅高于全国线上商品零售增幅一倍以上，超市发、卜蜂莲花、五星电器、永辉超市、美宜佳、百草园以及中石化易捷等企业的线上零售增幅达到三位数。

从区域发展来看，省域龙头实体零售企业经营效率有明显的下降，而线上零售企业的经营效率有所提升。县域企业运营效率明显优于省域，人效和毛利率均有明显的增长。根据零售业上市公司 2013—2018 年的数据，我们可以对比分析我国零售业线上线下经营效率变动的态势，并以此为基础分析经营效率变动的影响因素，为提升我国零售业线上线下企业经营效率提供依据，为零售业的转型发展提供思路。

大型零售企业基本都采用"线上+线下"的经营模式，本章在选取线上零售企业和线下零售企业时，依据主营业务和企业的初始经营模式，并对其业务中涉及的数据进行剔除，保持了数据的精确性。

二、文献回顾

（一）国外关于零售业经营效率的研究综述

国外关于零售业经营效率的研究方法基本都是基于数据包络分析方法（DEA）。早期文献显示，DEA 被广泛运用到银行的效率评价上，一般的工商业企业的效率评价较少使用 DEA，运用于零售业的效率评价则更少。近年来，不断有学者开始探索利用 DEA 来评价零售业的经营效率。有的学者以每平方米营业面积的雇员数、全职员工与兼职员工的比例、年薪与工资总额、店铺经营年限等多个要素作为投入指标，将销售收入和运营结果（如利润额、满意度等）确定为零售产出指标，运用 DEA 对各类零售企业的效率变化进行分析（Alves，2004；Thomas et al.，1998；Barros，2003）。在零售企业经营效率的实证分析中，有学者运用 MPI 分析研究对象效率的变化，并对效率的变化进行分解（Ratchford，2003）。有学者提出的决策单元的个数以大于输入输出指标总个数的 2~3 倍为宜的结论得到了学界认同（Wantao Yu，2009；Moreno，2008）。有学者认为，管理层经验是反映企业管理水平的代理变量，而将门店数和营业面积看成零售企业的投入，假设零售企业存在规模经济，可以把这些变量作为较低的单位经营成本和管理成本的代理变量（Wantao Yu，2009）。

（二）国内关于零售业经营效率的研究综述

国内学者主要从静态和动态两个角度出发，选用不同的研究方法和投入产出指标，对零售业经营效率及其影响因素进行研究。研究关注点主要集中在投入产出指标和研究方法的选取上。

从指标的选取来看，学术界对于零售企业投入产出变量的选择尚没有达成一致，不同学者根据零售业投入产出指标的研究以及数据的可获得性等建立了不同的指标体系。DEA 要求决策单元（DMU）的数量要大于投入产出指标种类和的两倍，因此选取指标时需要考虑样本数量。有学者选用主营业务收入和净利润作为零售业产出指标。投入指标包括固定资产总额、营业费用、支付员工的费用和存货净额，其中存货净额指标很少有学者使用（汪旭晖和万丛颖，2009；杨波，2012；叶萌、祝合良和孙鹏，

2017）。有学者选择销售额作为产出变量，选择营业面积、年末从业人数、门店总数和市场份额作为投入变量，选取指标时更加注重零售市场的基本情况（陈华，2014）。

从研究方法的选取来看，已有文献采用 DEA-Malmquist 指数法，从动态视角对 1998—2007 年我国零售业上市公司的生产效率进行研究，发现我国零售企业效率变化有着显著的地区差异（汪旭晖和万丛颖，2009）。有学者选择泛长三角地区为区域研究对象，运用 DEA-CCR 模型，从静态角度分析了 2007—2009 年零售业上市公司的技术效率，发现零售业技术效率存在波动上升趋势（束虹和谢啸，2011）。有学者运用了 DEA、MPI 和 Tobit 回归模型三种方法，选择 2005—2010 年 58 家零售业上市公司为样本，从静态、动态和影响因素三个方面进行了经营效率的评价和分析，研究表明零售业平均经营效率存在一定程度的下降（杨波，2012）。有学者选用基于产出角度的规模报酬不变 DEA-CCR 模型，以泛珠三角地区为例，发现 2012—2014 年泛珠三角地区零售业经营效率存在东、中、西部地区梯度差异（张丽娜，2016）。有学者选用非参数估计的 DEA-Malmquist 指数法，从宏观层面对 2008—2015 年限额以上批发和零售业细分行业的数据进行分析，发现批发业和零售业全要素生产率分别为负增长、正增长（叶萌、祝合良和孙鹏，2017）。

综合上述文献，零售业经营效率的研究主要包括全国零售业经营效率和区域零售效率，对零售企业经营效率的研究文献很少。研究零售业经营效率使用的研究方法主要有 DEA-CCR 模型、DEA-BCC 模型、超效率 DEA 模型、DEA-Malmquist 指数法，研究零售业经营效率影响因素的方法主要有回归分析、Tobit 回归模型和 VAR 模型等。从选择的指标来看，已有研究具有较高的相似性。从选取指标来看，无论是国内还是国外的零售业经营效率的研究文献，其产出指标大都为主营业务收入和净利润，但也有部分学者使用销售额作为产出指标。投入指标的选择变化更大，除了固定资产总额、员工薪酬和营业费用等一般性指标外，还有零售市场门店数和企业数等指标以及零售企业股票市场等特殊指标。

本章借鉴已有文献，采用 DEA 方法，指标选取在前人研究的基础上进行优化，将线上和线下上市零售企业根据实际经营情况分开选取指标，并考虑指标之间的可比性，方便对比研究。线上零售方面产出指标选择主营业务收入和净利润。由于美国上市企业的会计指标存在差异，投入指标选择总资产以及销售、管理和行政费用。本章以此为基础，对我国线上和线下零售企业的经营效率进行比较评价，为零售业未来转型发展提供决策参考，这是对历史研究的一个突破。

三、实证研究

（一）模型简介

1. DEA-BCC 模型

1978 年，美国学者查恩斯（Charnes）、W. 库珀（W Coopor）和罗德兹（Rhodes）提出数据包络分析法（Data Envelopment Analysis，DEA）。DEA 是以相对效率概念为基础，运用数学规划模型来评价具有相同类型的多投入、多产出的决策单元是否相对有效的一种非参数统计方法。DEA 主要包括规模报酬不变的 CCR 模型和规模报酬可变的 BCC 模型，其中 BCC 模型能够进一步将 CCR 模型中的综合技术效率分解为纯技术效率和规模效率。因此，本章采用规模报酬可变的 BCC 模型。模型公式如下：

$$\min\left[\theta - \varepsilon\left(\sum_{i=1}^{m} s_i^- + \sum_{r=1}^{s} s_r^+\right)\right] = v_d(\varepsilon)$$

$$\text{s. t.}\begin{cases} \sum_{j=1}^{n} x_j\lambda_j + s_i^- = \theta x_0 \\[2mm] \sum_{j=1}^{n} y_j\lambda_j - s_r^+ = y_0 \\[2mm] \sum_{j=1}^{n} \lambda_j = 1 \\[2mm] \lambda_j,\ s_i^-,\ s_r^+ \geqslant 0 \\[2mm] 0 \leqslant \theta \leqslant 1 \end{cases}$$

其中，θ 为所测度的 35 家实体零售上市公司经营效率值，s_i^- 和 s_r^+ 为松弛变量，$\sum_{j=1}^{n} x_j = x_0$，$\sum_{j=1}^{n} y_j = y_0$。当 $\theta = 1$ 且 $s_i^- = s_r^+ = 0$ 时，表明实体零售上市公司 DEA 有效；当 $\theta = 1$ 且 s_i^-，$s_r^+ > 0$ 时，表明该实体零售上市公司为弱 DEA 有效；当 $\theta < 1$ 时，表明该实体零售上市公司非 DEA 有效。

2. DEA-Malmquist 指数法

为动态比较不同时期企业生产效率的变化，本章基于凯伍兹（Caves）等提出的 Malmquist 生产率指数，弗尔（Fare）等构建的基于 DEA 的 Malmquist 指数，即全要素生产率指数来测度全要素生产率的变动情况。全要素生产率是指在保持资本、劳动、土地等生产要素不变时，由于企业技术升级、管理模式改进、组织专业化水平提高、生产创新能力改进和企业结构升级等带来的经济增长。Malmquist 指数法中的全要素生产率指数（TFPch）可以分解为技术效率变化指数（EFFch）和技术进步变化指数（TECHch）。技术效率变化指数又可以分解为纯技术效率变化指数（PEch）和规模效率变化指数（SEch），即 TFPch = TECHch ×EFFch = TECHch×PEch× SEch。当全要素生产率指数大于 1 时，说明企业经营效率有所提高；反之，则表明经营效率有所降低。当构成全要素生产率指数的某一指数大于

1 时，表明该指数能促使经营效率提升，反之则阻碍经营效率的改善。

（二）决策单元与指标选取

1. 决策单元的选取

实体零售决策单元根据 2012 年中国证监会发布的《上市公司分类指引》中对零售业上市公司的相关规定，结合联商网公布的《2018 年中国零售业上市公司营收百强榜》，在营业收入百强榜前 60 名的零售业上市公司中，剔除了出现负值和指标不全的上市公司，选择了 35 家上市 5 年以上的沪深 A 股公司，这 35 家零售业上市公司包括了 7 家超市、19 家百货和购物中心、5 家服饰、1 家家电、3 家药妆。我国网络零售发展时间较短，正处于上升期，但许多线上零售公司上市时间较短，或者还未成功上市。本章中线上零售决策单元选择了 18 家上市时间超过 5 年的上市公司，其中 5 家在美国上市，13 家为沪深 A 股公司。

2. 指标选取与数据来源

（1）指标选取。零售企业的运营需要多种投入，如房屋和货架等固定资产投资、员工工资、销售费用、管理费用以及广告费用，衡量零售企业的产出有多种标准，如主营业务收入、营业外收入、净利润和每股收益。结合以往学者关于指标选取的研究和数据的可获得性，本章线下（实体）零售方面产出指标选择主营业务收入和净利润，投入指标选择总资产、销售费用和管理费用；线上（网络）零售方面产出指标选择主营业务收入和净利润，投入指标选择总资产以及销售费用、管理费用。选择主营业务收入的原因是可以更接近零售企业主营业务所获得的销售额，净利润可以很好地反映企业经营质量和经营成果。从 2014—2018 年的数据看，两者的相关度比较高，平均为 0.8 左右，但不是完全相关，因此这两个指标结合起来使用，可以比较好地度量零售企业的产出。总资产代表企业运营投入的全部资产，包括有形资产和无形资产、流动资产和固定资产。销售费用是指零售企业经营过程中为把商品销售出去产生的费用，包括促销费用和广告费用。管理费用是指零售企业管理企业资产和员工产生的费用。三者结合可以有效反映零售企业的投入情况。

（2）数据来源。本章决策单元的原始数据来源于网易财经和中商产业研究院，其中线下（实体）零售的数据来源于网易财经，数据均为正值，可以进行 DEA 分析；线上（网络）零售的数据来源于网易财经和中商产业研究院，数据有负值。DEA 分析要求决策单元的数量大于投入产出指标种类之和的两倍，因此不能直接去除，需要进行数据无量纲化处理，处理后全部原始数据的值都将在 0.1~1。根据 DEA 理论，无量纲化处理后，决策单元之间的相对关系不会发生变化，对决策单元经营有效性的评价结果也不会产生影响。具体处理方法如下：

$$X_{ij} = 0.1 + \frac{x_{ij} - \min\{x_{ij}\}}{\max\limits_{j}\{x_{ij}\} - \min\limits_{j}\{x_{ij}\}} \times 0.9$$

其中，x_{ij} 表示第 i 个决策单元第 j 个指标的原始值，$\min\{x_{ij}\}$ 表示第 i 个决策单元第 j 个指标的最小值，$\max\limits_{j}\{x_{ij}\}$ 表示第 j 个指标的最大值，$\min\limits_{j}\{x_{ij}\}$ 表示第 j 个指标的最小值。无量纲化处理后评价指标的值本章没有列出。

（三）线下（实体）零售企业与线上（网络）零售企业经营效率静态分析

1. 线下（实体）零售企业经营效率静态分析

本章所分析的线上（网络）零售企业和线下（实体）零售企业中，大部分企业都是进行线上线下经营。本章选为线下（实体）零售企业的是指主营业务是线下业务（且公司是从线下开始经营的），所涉及的经营数据仅仅包括实体店业务，线上业务被剔除；同样，线上（网络）零售企业是指主营业务是线上业务（且公司是从线上开始经营的），所涉及的经营数据仅仅包括线上业务，线下业务被剔除。

本章对 35 家线下（实体）零售企业相关指标数据进行处理后，利用 DEAP 2.1 软件，选择以投入为导向的 DEA-BCC 模型，对 2016—2018 年中国零售业经营效率进行静态测度与评价（见表 6-1），得到综合技术效率（TE）、纯技术效率（PTE）、规模效率（SE）和规模报酬状态（irs 表示规模报酬递增，drs 表示规模报酬递减）。

表 6-1　2016—2018 年中国零售业经营效率静态测度与评价

类别	公司名称	2016 年				2017 年				2018 年			
		TE	PTE	SE	规模报酬	TE	PTE	SE	规模报酬	TE	PTE	SE	规模报酬
超市	永辉超市	0.936	1.000	0.936	drs	0.866	1.000	0.866	drs	0.885	1.000	0.885	drs
	中百集团	0.775	0.812	0.955	irs	0.780	0.785	0.993	irs	0.886	0.918	0.965	irs
	北京京客隆	0.761	0.775	0.981	drs	0.799	0.800	0.999	—	0.789	0.821	0.961	irs
	家家悦	1.000	1.000	1.000	—	1.000	1.000	1.000	—	0.916	0.981	0.934	irs
	利群股份	0.949	0.951	0.998	irs	0.810	0.863	0.938	irs	0.723	0.801	0.903	irs
	步步高	0.744	0.913	0.815	drs	0.704	0.851	0.828	drs	0.607	0.609	0.996	irs
	红旗连锁	0.822	1.000	0.822	irs	0.960	1.000	0.960	irs	0.888	0.988	0.899	irs
百货和购物中心	天虹股份	0.998	1.000	0.998	drs	0.786	0.915	0.859	drs	0.692	0.693	0.998	irs
	鄂武商 A	0.906	1.000	0.906	drs	0.905	1.000	0.905	drs	1.000	1.000	1.000	—
	南京新百	0.446	0.448	0.997	irs	0.431	0.441	0.979	irs	0.397	0.406	0.978	irs
	豫园股份	1.000	1.000	1.000	—	0.621	0.627	0.990	irs	0.476	0.481	0.991	irs
	长春欧亚	0.859	0.946	0.908	irs	0.775	0.856	0.905	irs	0.516	0.582	0.887	irs
	银座股份	0.766	0.821	0.933	drs	0.648	0.648	0.999	drs	0.600	0.617	0.973	irs
	合肥百货	0.891	0.917	0.971	irs	0.812	0.855	0.949	irs	0.572	0.763	0.750	irs
	首商股份	1.000	1.000	1.000	—	1.000	1.000	1.000	—	0.796	0.878	0.907	irs
	小商品城	1.000	1.000	1.000	—	1.000	1.000	1.000	—	1.000	1.000	1.000	—
	大东方	1.000	1.000	1.000	—	1.000	1.000	1.000	—	0.936	1.000	0.936	irs
	百联股份	0.644	1.000	0.644	drs	0.543	0.939	0.578	drs	0.511	0.873	0.585	drs
	重庆百货	1.000	1.000	1.000	—	1.000	1.000	1.000	—	1.000	1.000	1.000	—

表6-1(续)

类别	公司名称	2016 年				2017 年				2018 年			
		TE	PTE	SE	规模报酬	TE	PTE	SE	规模报酬	TE	PTE	SE	规模报酬
百货和购物中心	供销大集	0.442	0.645	0.686	irs	0.297	0.334	0.887	irs	0.425	1.000	0.425	drs
	大商股份	1.000	1.000	1.000	—	0.863	1.000	0.863	drs	0.803	1.000	0.803	drs
	王府井百货	0.787	0.806	0.975	drs	0.608	0.633	0.960	drs	0.675	0.715	0.944	drs
	中央商场	0.553	0.857	0.645	irs	0.485	0.780	0.622	irs	0.418	0.717	0.583	irs
	新华百货	0.835	0.991	0.842	irs	0.837	0.983	0.852	irs	0.820	0.972	0.844	irs
	广百股份	1.000	1.000	1.000	—	0.983	1.000	0.983	irs	0.910	1.000	0.910	irs
	友阿股份	0.743	0.998	0.744	irs	0.489	0.749	0.652	irs	0.381	0.779	0.488	irs
服饰	安踏体育	1.000	1.000	1.000	—	1.000	1.000	1.000	—	1.000	1.000	1.000	—
	森马服饰	1.000	1.000	1.000	—	0.847	0.853	0.992	irs	0.697	0.738	0.944	irs
	搜于特	0.575	1.000	0.575	irs	0.777	1.000	0.777	irs	1.000	1.000	1.000	—
	海澜之家	1.000	1.000	1.000	—	0.960	1.000	0.960	drs	1.000	1.000	1.000	—
	雅戈尔	1.000	1.000	1.000	—	0.480	1.000	0.480	drs	0.153	0.235	0.652	irs
家电	宏图高科	1.000	1.000	1.000	—	1.000	1.000	1.000	—	0.662	0.768	0.862	drs
药妆	嘉事堂	1.000	1.000	1.000	—	1.000	1.000	1.000	—	0.928	1.000	0.928	irs
	一心堂	0.769	1.000	0.769	irs	0.617	0.777	0.794	irs	0.648	0.768	0.844	irs
	老百姓	0.672	1.000	0.672	irs	0.684	0.899	0.761	irs	0.629	0.779	0.808	irs
均值		0.853	0.939	0.908	—	0.782	0.874	0.895	—	0.724	0.825	0.874	—

资料来源:根据网易财经和中商产业研究院 2016—2018 年各企业财务报告相关数据计算而得。

(1)综合效率分析。综合技术效率(TE)是衡量各零售业上市公司资源配置和使用效率等方面能力的关键因素,若决策单元 DMU 的综合技术效率等于 1,表明该决策单元 DMU 的投入产出要素达到技术效率前沿且技术和规模均有效。表 6-1 显示,2016—2018 年,35 家线下(实体)零售企业的综合技术效率值为 0.786,只有重庆百货、小商品城和安踏体育的综合技术效率为 1,达到技术效率前沿,这表明重庆百货、小商品城和安踏体育的投入要素达到资源配置最优状态,各类资源要素的利用率最大化,经营效率处于最佳水平。家家悦、大东方和嘉事堂有 2 年综合技术效率均为1，家家悦在2018年综合技术效率、纯技术效率和规模效率均有小幅度下降。从时间维度来看，2017年，35家线下（实体）零售企业的综合技术效率均值为0.782，与2016年相比下降了0.071，其中有8家线下（实体）零售企业综合技术效率为1，占比为22.86%。这8家线下（实体）零售企业分别为家家悦、首商股份、小商品城、大东方、重庆百货、安踏体育、宏图高科和嘉事堂。2018年，35家线下（实体）零售企业的综合技术效率均值为0.724，与2017年相比下降了0.058，其中有6家线下（实体）零售企业综合技术效率为1，占比为17.14%。这6家线下（实体）零售企业分别为鄂武商A、小商品城、重庆百货、安踏体育、搜于特和海澜之家。2016—2018年，综合技术效率均值存在明显波动，从2016年的0.853下降到2018年的0.724，这说明线下（实体）零售企业的经营效率呈下降趋势。

（2）纯技术效率分析。表6-1显示，就整体而言，2016—2018年，35家线下（实体）零售企业的纯技术效率均值为0.879，小于1，说明企业技术应用和创新水平落后，导致经营效率下降。3年内永辉超市、鄂武商A、小商品城、大东方、重庆百货、大商股份、广百股份、安踏体育、搜于特、海澜之家、嘉事堂的纯技术效率均为1，表明要素投入合理有效，技术不断进步。从时间维度看，2016—2018年，纯技术效率均值分别为0.939、0.874和0.825，下降趋势明显，表明线下（实体）零售企业的纯技术进步的投入滞后于规模扩张的投入，这一结果符合实际情况。

（3）规模效率分析。表6-1显示，就整体而言，2016—2018年，我国35家线下（实体）零售企业的规模效率均值为0.892，小于1，表明这35家线下（实体）零售企业规模效率均偏低，可以反映我国线下（实体）零售业的总体规模仍有扩大的空间。从时间维度看，2016—2018年，规模效率均值分别为0.908、0.895和0.874，呈现明显的下降趋势，可能是由于线上（网络）零售企业的高速发展和新线下（实体）零售企业进入，市场竞争力度加大。关店潮引起的各线下（实体）零售企业的总体规模有所缩减，导致要素与资源的配置不合理，引起的经营效率下降。从时间维度来看，2017 年，10 家线下（实体）零售企业处于规模报酬递减阶段，占比为 28.57%；16 家线下（实体）零售企业处于规模报酬递增阶段，占比为 45.71%。2018 年，6 家线下（实体）零售企业处于规模报酬递减阶段，占比为 17.14%；23 家线下（实体）零售企业处于规模报酬递增阶段，占比为 65.71%。这可以在一定程度上说明，2017—2018 年，我国线下（实体）零售企业因为转型而出现规模报酬递增。

2. 线上（网络）零售企业经营效率静态分析

本章利用 DEAP2.1 软件，对 18 家线上（网络）零售企业进行 DEA 分析，选择以投入为导向的 DEA-BCC 模型，得到 18 家线上（网络）零售企业经营效率静态数据（见表 6-2）。

表 6-2　2016—2018 年 18 家线上（网络）零售企业经营效率静态测度

公司名称	2016 年				2017 年				2018 年			
	TE	PTE	SE	规模报酬	TE	PTE	SE	规模报酬	TE	PTE	SE	规模报酬
京东	0.600	0.644	0.930	irs	0.750	0.759	0.988	irs	0.581	0.586	0.991	drs
阿里巴巴	0.835	1.000	0.835	drs	0.807	0.825	0.978	irs	0.581	0.586	0.991	drs
唯品会	0.834	0.861	0.968	drs	1.000	1.000	1.000	—	0.581	0.586	0.991	drs
苏宁易购	0.935	0.972	0.962	irs	0.786	0.799	0.984	irs	0.581	0.586	0.991	drs
聚美优品	0.626	0.626	1.000	—	1.000	1.000	1.000	—	0.856	0.927	0.923	drs
南极电商	1.000	1.000	1.000	—	1.000	1.000	1.000	—	0.870	1.000	0.870	drs
探路者	1.000	1.000	1.000	—	0.584	0.592	0.988	irs	0.460	0.496	0.927	irs
宝贝格子	0.679	0.706	0.962	irs	1.000	1.000	1.000	—	1.000	1.000	1.000	—
天士力	0.631	1.000	0.631	drs	0.877	0.884	0.992	irs	0.581	0.586	0.991	drs
鱼跃医疗	0.631	1.000	0.631	drs	1.000	1.000	1.000	—	0.581	0.586	0.991	drs
奥康国际	0.643	0.648	0.993	irs	0.848	1.000	0.848	irs	0.475	1.000	0.475	irs
晨光文具	0.644	0.691	0.931	irs	0.849	0.860	0.987	irs	0.581	0.586	0.991	drs

表6-2(续)

公司名称	2016 年				2017 年				2018 年			
	TE	PTE	SE	规模报酬	TE	PTE	SE	规模报酬	TE	PTE	SE	规模报酬
科沃斯机器人	0.677	0.727	0.931	irs	0.667	0.697	0.957	irs	0.581	0.586	0.991	drs
红蜻蜓	0.769	0.847	0.908	irs	0.180	0.272	0.661	irs	0.581	0.586	0.991	drs
九阳股份	0.740	0.746	0.991	irs	1.000	1.000	1.000	—	0.689	0.689	1.000	—
宝尊电商	0.778	0.828	0.939	irs	0.989	0.995	0.994	irs	0.581	0.586	0.991	drs
飞亚达	0.480	0.508	0.945	irs	0.142	0.246	0.576	irs	1.000	1.000	1.000	—
兰亭集势	1.000	1.000	1.000	—	1.000	1.000	1.000	—	1.000	1.000	1.000	—
均值	0.750	0.823	0.920		0.804	0.829	0.942		0.675	0.721	0.950	

资料来源:根据网易财经和中商产业研究院 2013—2017 年各上市公司财务数据计算而得。

(1)综合技术效率分析。表 6-2 显示,就整体而言,2016—2018 年,18 家线上(网络)零售企业综合技术效率均值为 0.743,效率较低,资源效率配置不合理,说明我国线上(网络)零售企业经营效率还有很大的提升空间。2016—2018 年,只有兰亭集势保持综合技术效率为 1,兰亭集势综合技术效率、纯技术效率和规模效率均为 1。2016—2018 年,18 家线上(网络)零售企业综合技术效率均值分别为 0.750、0.804、0.675,呈现先升后降的趋势。

(2)纯技术效率分析。表 6-2 显示,就整体而言,2016—2018 年,18 家线上(网络)零售企业纯技术效率均值为 0.791,效率较低,说明线上(网络)零售企业的管理体系和技术应用水平偏低。2016—2018 年,18 家线上(网络)零售企业纯技术效率均值分别为 0.823、0.829、0.721,呈现先增后减的趋势。2016—2018 年,纯技术效率均值大于 0.9 的有南极电商、宝贝格子和兰亭集势,说明这些企业在管理和技术方面效率稳定。

(3)规模效率分析。表 6-2 显示,就整体而言,2016—2018 年,18 家线上(网络)零售企业规模效率均值为 0.937,效率较高,规模调整仍可以提高效率。2016—2018 年,18 家线上(网络)零售企业规模效率均值分别为 0.920、0.942、0.950，可以看出规模效率均值逐年递增。2016
年有 11 家企业处于规模报酬递增状态，3 家企业处于规模报酬递减状态，
4 家企业处于规模报酬不变状态；2017 年有 11 家企业处于规模报酬递增状
态，没有企业处于规模报酬递减状态，7 家企业处于规模报酬不变状态；
2018 年有 2 家企业处于规模报酬递增状态，12 家企业处于规模报酬递减状
态，4 家企业处于规模报酬不变状态。

（四）线下（实体）零售企业与线上（网络）零售企业 经营效率动态分析

为了更好地比较线下（实体）零售企业与线上（网络）零售企业的经
营效率，本章选取 2014—2018 年线下最有代表性的经营业绩排名前 35 位
的实体零售企业和经营业绩排名前 18 位的线上（网络）零售企业的经营
效率进行比较。

1. 线下（实体）零售企业与线上（网络）零售企业经营效率的时间特征

线下（实体）零售企业和线上（网络）零售企业经营效率首先可以通
过时间特征来比较。我们从 2014—2018 年的综合效率、纯技术效率、技术
效率、规模效率等方面进行比较。

表 6-3 显示，2014—2018 年，线下（实体）零售企业全要素生产率指
数均值为 0.977，高于线上（网络）的 0.880。从每年的实际情况来看，
线下（实体）零售企业的全要素生产率比线上（网络）零售企业高
（2017—2018 年除外）。线下（实体）零售企业的全要素生产率呈现逐年
上升的趋势，而线上（网络）零售企业的全要素生产率持续下降后，在
2017—2018 年又明显上升。

表 6-3　2014—2018 年 35 家线下（实体）零售企业与 18 家线上（网络）

零售企业全要素生产率变化情况

年份	零售类型	EFFch	TECHch	PEch	SEch	TFPch
2014—2015	实体零售	0.993	0.969	1.004	0.989	0.962
	网络零售	0.901	0.878	0.657	1.372	0.791
2015—2016	实体零售	1.014	0.955	1.003	1.011	0.968
	网络零售	1.941	0.402	1.229	1.579	0.781
2016—2017	实体零售	0.903	1.095	0.917	0.984	0.989
	网络零售	0.984	0.724	0.963	1.022	0.713
2017—2018	实体零售	0.904	1.096	0.931	0.971	0.991
	网络零售	0.905	1.504	0.898	1.008	1.361
均值	实体零售	0.954	1.029	0.964	0.989	0.978
	网络零售	1.183	0.877	0.937	1.245	0.912

资料来源：根据网易财经和中商产业研究院年各上市公司财务数据相关数据计算而得。

　　无论是线上还是线下，全要素生产率变化指数小于 1 说明资源配置效率下降，导致企业经营效率下降。从全要素生产率变化指数分解结果来看，即技术效率变化指数（EFFch）和技术进步变化指数（TECHch），以明确两者对全要素生产率变动值的影响。从表 6-3 可以看出，35 家线下（实体）零售企业在 2014—2018 年技术进步变化指数均值为 1.029，全要素生产率主要得益于技术进步变化指数的提高。技术效率变化指数均值为0.954，说明技术效率水平呈现负增长状态。纯技术效率变化指数均值为0.964。规模效率变化指数均值为 0.989。

　　2. 35 家线下（实体）零售企业与 18 家线上（网络）零售企业Malmquist 指数及分解指标

　　本章通过对 35 家线下（实体）零售企业的经营效率进行静态分析，分析经营效率高低的深层次原因，即全要素生产率变化情况，明确造成全要素生产率水平变化的原因，分别有纯技术效率水平、技术进步水平和规模效率水平。本章对 35 家线下（实体）零售企业的经营效率进行动态测度，更全面地反映各线下（实体）零售企业经营效率的差异化特征。

从表 6-4 可以看出，有 11 家企业的全要素生产率指数大于 1，说明全要素生产率呈现正增长状态。这 11 家企业分别为中百集团、北京京客隆、红旗连锁、鄂武商 A、小商品城、供销大集、广百股份、安踏体育、搜于特、海澜之家和嘉事堂，占比为 31.43%；其余 24 家线下（实体）零售企业的全要素生产率指数小于 1，说明全要素生产率呈现负增长状态，占比为 68.57%。

从业态来看，全要素生产率指数均值由高到低依次是服饰（1.051）、家电（0.999）、超市（0.990）、百货（0.963）、药妆（0.945）。

表 6-4　2014—2018 年 35 家线下（实体）零售企业
Malmquist 指数及其分解指标

类别	公司名称	EFFch	TECHch	PEch	SEch	TFPch
超市	永辉超市	0.975	0.984	1.000	0.975	0.959
	中百集团	1.054	0.959	1.047	1.007	1.010
	北京京客隆	1.011	1.003	1.019	0.992	1.014
	家家悦	0.978	0.994	0.995	0.983	0.972
	利群股份	0.975	0.993	0.984	0.990	0.968
	步步高	0.918	1.058	0.918	1.000	0.971
	红旗连锁	0.999	1.034	1.000	0.999	1.033
百货	天虹股份	0.912	1.053	0.913	1.000	0.960
	鄂武商 A	1.026	1.036	1.000	1.026	1.063
	南京新百	0.947	0.973	0.834	1.136	0.922
	豫园股份	0.831	1.024	0.833	0.998	0.851
	长春欧亚	0.895	1.054	0.895	1.000	0.942
	银座股份	0.958	1.030	0.942	1.017	0.987
	合肥百货	0.918	1.018	0.957	0.959	0.934
	首商股份	0.972	0.964	0.990	0.981	0.936

表6-4(续)

类别	公司名称	EFFch	TECHch	PEch	SEch	TFPch
百货	小商品城	1.000	1.117	1.000	1.000	1.117
	大东方	0.984	1.005	1.000	0.984	0.988
	百联股份	0.964	0.990	0.967	0.998	0.954
	重庆百货	1.000	0.962	1.000	1.000	0.962
	供销大集	1.048	1.033	1.163	0.901	1.082
	大商股份	0.947	0.972	1.000	0.947	0.920
	王府井百货	0.974	1.006	0.987	0.987	0.980
	中央商场	0.817	1.050	0.933	0.875	0.857
	新华百货	0.995	0.975	1.016	0.979	0.970
	广百股份	0.977	1.045	1.000	0.977	1.020
	友阿股份	0.796	1.081	0.940	0.847	0.861
服饰	安踏体育	1.000	1.035	1.000	1.000	1.035
	森马服饰	0.917	1.034	0.927	0.989	0.948
	搜于特	1.000	1.117	1.000	1.000	1.117
	海澜之家	1.210	1.078	1.051	1.152	1.304
	雅戈尔	0.705	1.210	0.696	1.013	0.853
家电	宏图高科	0.919	1.087	0.936	0.982	0.999
药妆	嘉事堂	0.981	1.035	1.000	0.981	1.016
	一心堂	0.897	0.987	0.936	0.958	0.885
	老百姓	0.954	0.979	0.939	1.016	0.934
均值		0.956	1.028	0.966	0.990	0.981

资料来源:根据网易财经和中商产业研究院各上市公司财务相关数据计算而得。

从表6-5可以看出,有6家企业的全要素生产率指数大于1,分别为阿里巴巴、唯品会、南极电商、鱼跃医疗、九阳股份和兰亭集势,占比为33.33%。这说明这6家企业全要素生产率水平呈现正增长状态,资源配置效率提高。同时可以发现,6家企业全要素生产率变化指数大于1主要是由于技术效率水平的提高。其余12家线上(网络)零售企业的全要素生产率指数小于1，说明全要素生产率呈现负增长状态，占比为66.67%。

从线下（实体）零售与线上（网络）零售的平均效率来看，线下（实体）零售的综合效率和规模效率低于线上（网络）零售，技术效率、纯技术效率和全要素生产率高于线上（网络）零售。

表6-5　2014—2018年18家线上（网络）零售企业Malmquist指数及其分解指标

公司名称	EFFch	TECHch	PEch	SEch	TFPch
京东	0.873	0.714	0.875	0.998	0.623
阿里巴巴	1.219	0.874	0.875	1.393	1.065
唯品会	1.219	0.857	0.875	1.393	1.044
苏宁易购	1.219	0.816	0.875	1.393	0.995
聚美优品	1.114	0.765	0.981	1.135	0.851
南极电商	1.266	0.839	1.000	1.266	1.062
探路者	0.842	0.702	0.839	1.003	0.590
宝贝格子	1.008	0.791	1.000	1.008	0.797
天士力	1.133	0.790	0.875	1.295	0.896
鱼跃医疗	1.219	0.827	0.875	1.393	1.008
奥康国际	1.192	0.776	1.008	1.182	0.925
晨光文具	1.219	0.809	0.875	1.393	0.986
科沃斯机器人	1.044	0.763	0.875	1.193	0.796
红蜻蜓	0.873	0.711	0.875	0.998	0.621
九阳股份	1.272	0.791	0.911	1.397	1.007
宝尊电商	1.199	0.738	0.875	1.370	0.885
飞亚达	1.000	0.859	1.000	1.000	0.859
兰亭集势	1.392	0.785	1.000	1.392	1.092
均值	1.128	0.789	0.916	1.233	0.895

资料来源：根据网易财经和中商产业研究院各上市公司财务数据计算而得。

四、结论与建议

（一）结论

本章综合运用 DEA 方法对 2014—2018 年我国 35 家线下（实体）零售企业与 18 家线上（网络）零售企业的经营效率进行全面评价和分析。通过实证分析，得出如下结论：

（1）自 2014 年以来，我国线下（实体）零售企业和线上（网络）零售企业的经营效率与全要素生产率均偏低，且变动不大，增长不明显，在个别年份有下降趋势。2014—2018 年是线上线下竞争最激烈的五年，其中 2016 年线上线下开始有融合发展趋势，但是依然是以竞争为主。总体来看，线下（实体）零售企业的经营效率高于线上（网络）零售企业。

（2）线上（网络）零售企业的规模效率高于线下（实体）零售企业。这说明自 2014 年以来，线上（网络）零售企业规模扩张速度高于线下（实体）零售企业，且处于规模效率提升阶段。与此同时，线下（实体）零售企业处于关店和压缩规模的阶段，导致规模效率下降。线下（实体）零售企业正处于转型升级阶段，转型方向是与线上（网络）零售企业融合发展，步入新零售阶段。例如，苏宁易购归属于线上（网络）零售企业进行分析的，其经营效率无论与线下（实体）零售企业相比还是与线上（网络）零售企业相比，均属于优质高效的企业，对总绩效的影响明显。线上（网络）零售企业转型的力度大于线下（实体）零售企业，成效优于线下（实体）零售企业。

（3）排名前五位的线上（网络）零售企业与线下（实体）零售企业经营效率进行比较，线下（实体）零售企业经营效率低于线上（网络）零售企业，线上（网络）零售企业的经营效率的各项指标普遍较高。经营效率高的线上（网络）零售企业基本上都是新零售的积极探索者，且转型给企业发展带来了效率的提升，如阿里巴巴、京东、苏宁易购等。

（4）转型和创新带来了效率的提升。线上和线下零售企业的效率不稳定与水平偏低并存，这些不足和竞争态势是分不开的。近年来，零售业的线上线下的竞争、国内国外的竞争、各业态之间的竞争、新进入者与在位者之间的竞争、新零售与传统零售之间的竞争激烈，甚至存在过度竞争的现实。同时，新零售的快速发展也是零售业竞争力提升的根源之一。竞争促进转型的同时，带来了零售业创新经营。例如，素型生活馆用大数据搭建消费场景，不仅实现了店铺规模的快速发展，同时带来了营业额的速度提升。宏图Brookstone在新零售上的成功探索，用数据打造"新奇特"生态圈。其以消费者为核心的多样化场景体验等创新经营，已经在市场上和消费者心目中成为与盒马鲜生并驾齐驱的新商业模式，给企业的经营带来迅速增长，技术效率和规模效率提升明显。

实证结果表明，零售业线上线下竞争的结果证明了线上线下零售企业之间并不是竞争关系，而是相互补充相互促进的关系。从实证数据来看，线上线下融合发展的零售企业的综合效率、技术效率、规模效率和全要素生产率均比只经营线上业务或线下业务的零售企业高。由此进一步证明，新零售是未来发展的主流，全渠道是新零售的必然选择。零售业未来的发展是"线上零售+线下零售+现代物流"的结合。

受新消费理念的影响，零售业转型与创新的压力不断加大，传统业态效率下降，百货效率降低，转型压力明显大于超市。新消费理念需要新零售来更好地满足消费者的需求。

（二）建议

本章对我国线上线下零售企业提升经营效率提出以下建议：

1. 持续开展融合发展的新零售模式

线上线下零售企业均通过收购、持股、开店或开发线上平台等多种措施开展线下业务和线上业务，同时融合物流业，逐渐形成"线上+线下+物流+支付"的全渠道模式。例如，阿里巴巴、百联、苏宁、银泰、三江购物、易果生鲜等，基本完成线下的百货、数码家电、生鲜、超市、综合零售业的线上线下布局，下一步是整合线上线下资源，逐步实现全渠道经营模式，提升线上线下零售企业的经营效率。同时，零售企业通过"线上+线下+物流"深度融合发展，打造"便捷+社交+体验"的综合购物空间和平台；提升零售业的人才素养，培育通晓线上线下业务的综合优质的专业管理团队；推进供应链管理改革，提升供应链管理水平。

2. 线上线下经营要重视六大思维，提升零售企业的竞争力和全要素生产率

六大思维包括客户思维、大数据思维、社会化思维、共享思维、极致思维和跨界思维。零售企业应将这些思维方式运用到线上线下融合发展上。客户思维是指在价值链的各个环节都要以顾客为中心来进行线上线下的资源配置。互联网时代，信息不对称现象得以缓解，信息更加透明化，顾客获得更大的话语权，因此以顾客为中心变得异常重要。零售企业不仅要以满足顾客需求为基础，解决顾客问题，最关键的是还要让顾客参与到价值链的每一个环节。零售企业应从收集需求信息开始，到产品构思，再到产品设计、研发、测试、生产、销售和服务等均以顾客为中心。这是线上线下融合发展的基础。大数据思维可以通过线上的零售企业将消费者的数据进行收集，并将消费者信息数字化，以此为基础，将线上线下零售企业的商品数字化，并研究匹配供需之间的算法，高效精准地满足顾客需求。社会化思维是指利用社会化工具、社会化媒体、社会化网络，重塑线上线下零售企业和顾客之间的沟通关系，即利用好各种线上社交网络和平台，与顾客进行对话式信息收集，引导顾客说真话，建立平等的沟通氛围。共享思维是零售企业要充分利用共享经济的思维方式充分利用资源，提升经营效率，共享过剩的各种资源。这对于提升零售企业的资源利用效

率是一种非常重要的思路。极致思维是引导零售企业将商品及其相关的资源都做到完美，无论是爆款商品还是定制款商品均要做到最好。跨界思维是指用多角度、多视野看待问题和解决问题，零售企业要通过跨界来寻找新的增长点，如餐饮、旅游、游戏、娱乐等领域相结合形成新的业态，让不同领域之间的资源互相带动，提升经营效率。

3. 充分利用新技术，提升规模效率和技术效率

线上与线下结合的关键点是大数据和人工智能，线上经营的大数据可以助力线下零售业的商品选择、顾客特征分析等，从而更精准地为顾客提供服务。零售企业利用结构性数据分析，可以为顾客提供更多元化的商品，提升店内转化率。零售企业利用大数据，可以充分掌握消费特征，提高商品购买的连带率和体验感。人工智能和大数据结合，可以强化品牌认知，打通渠道，真正实现线上线下无缝链接的效果，提高零售企业的规模效率和技术效率。

第七章 基于 TAM 模型的中国新零售运营模式的顾客接受度的实证研究

一、引言

如今新零售的影响力已经深入各行各业。和传统的线上或线下零售相比，新零售充分利用了大数据、人工智能以及互联网等新技术，打破了原有线上线下独立运行的封闭状态。消费者既可以获得传统的线下购物体验，又可以获得线上购物的便利性，从而使消费者购物体验大幅提升。新零售的出现对传统零售业带来了巨大的冲击。国家统计局数据显示，2011—2017 年，我国传统零售企业销售增速明显放慢，甚至出现负增长。例如，新华都购物广场股份有限公司（股票代码 002264）2019 年财报显示，该公司仅 2019 年就在全国范围内由于经营不善、合约到期等各种原因关闭各类门店 56 家。这些变化说明了传统意义上单一的零售模式已经不能适应现代消费市场和逐渐成为主流消费群体的"90 后"和"00 后"。

线上线下零售业经营困难迫使各个零售企业将单一渠道的零售模式改变为具有多渠道的新零售模式。在新的模式下，消费者从定期购物转变为全天候购物，从定点购物转变为全空间（任何地点）购物。零售模式的转变也带来了消费者消费模式的变化，特别是近年来"互联网+"等技术的运用，使消费者大数据成为企业和学者们的重点研究方向。例如，梁莹莹（2017）认为，当前零售业已由传统的"以产品为主导"开始向"以消费者为主导"转移，并步入"消费主导"时期。郭燕等（2015）认为，由于线上消费和线下消费对消费者已无差异，因此如果消费者在线上购买不到该产品，将转向线下购买；如果在线下购买不到该产品，将转向线上购买。沈鹏熠和赵文军（2020）在多渠道的零售服务质量的研究中也提出了消费者的忠诚度和不同渠道服务质量的关系。除此之外，陈玉珠和郑艳萍（2020）也探讨了服装市场上消费者的渠道选择行为，说明了传统企业利用新技术进行线上线下同步经营的重要性。

上述研究充分说明了新零售行业需要改变传统的销售理念，重点发展多种渠道的新零售模式。行业的发展离不开消费者的聚集，企业也要重新认识消费者，把握和消费者的关系。从已有的研究来看，虽然新零售相关研究近几年成为企业实践与学术研究的热点，并且取得了许多关键性研究成果。总体上来说，有关消费者对新零售接受程度的研究尚较为缺乏，特别是对普通大众而言新零售到底是什么、新零售有什么作用、哪些因素会影响其接受新零售模式，特别是在"互联网+"背景下，这一系列问题并没有得到明确的回答。明确这些问题不仅仅能够促进企业对零售模式的改革、充分了解消费者需求，同时也能够推动消费者与新零售相关的理论研究。因此，在这种背景下，本章着眼于消费者对新零售的接受度研究，通过研究充分了解消费者对新零售行业的认可度。同时，本章希望通过研究能够为零售企业的决策分析提供参考。本章参考了戴维斯等（Davis et al., 1989）的有关计算机接受度的 TAM 模型，并在此基础上开展了消费者对新零售感知有用性、感知易用性、态度、购买行为意识等 12 个方面的问卷调研，利用收回的 440 份有效调研问卷建立了相应的结构方程模型，从而从消费者的角度回答了新零售的相关特点。

二、模型设定与研究假定

（一）模型理论及相关文献

TAM 模型是戴维斯（Davis）基于理性行为理论而提出的，最初的目的是解释计算机的广泛接受。在理性行为理论中，用户对某事物的态度决定了其对该事物的使用行为意向，而对该事物的使用行为意向决定其使用行为。在技术接受模型中，戴维斯（Davis）提出了"感知易用性"和"感知有用性"两个新概念，并把这两个变量作为模型中的自变量，认为感知有用性和感知易用性会对用户关于该事物的态度产生影响。感知有用性（Perceived Usefulness，PU）反映了个体认为使用某一个系统或技术对其工作业绩提高的程度，感知易用性（Perceived Ease of Use，PEOU）反映了个体认为自己容易使用某个系统或技术的程度。图 7-1 所示的是技术接受模型的基本框架。

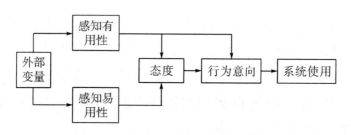

图 7-1　技术接受模型的基本框架

TAM 模型自提出以来，由于其简洁性、易操作性和强针对性，在解释计算机的广泛接受方面得到了广泛认同和采纳。此外，部分学者也基于TAM 模型对用户接受网上购物、移动商务进行了理论和实证研究。TAM（技术接受模型）是戴维斯等（Davis et al.，1989）提出的，最初的目的是对计算机广泛接受的决定性因素做一个解释说明，经过 30 多年的发展，TAM 模型已经非常成熟。笔者通过研究相关文献，发现在 TAM 模型领域主要有以下两条研究思路：一是分析 TAM 模型的演化阶段和各阶段的局限性，二是研究 TAM 模型的实际应用。关于 TAM 模型的演化阶段，孙建军等（2007）、高芙蓉（2010）、谢黎蓉（2014）都认为，技术接受模型的演化经过了四个阶段，即 TAM、TAM2、技术采纳与利用整合模型（UTAUT）以及 TAM3。在第一阶段，戴维斯（Davis）使用绩效认知和自我效能理论分别提炼出了感知有用性和感知易用性两大决定性因素，这两大因素影响个体的使用态度，最终影响个体对新技术所采取的实际行为。孙建军（2007）指出，TAM 模型收集到的信息十分有限。李岳（2012）认为，TAM 模型在测量方法上主要是考察用户对信息技术的使用情况以及自我报告，而不是实际验证其效果，有可能会扭曲或是夸大因变量与自变量之间的关系。谢黎蓉（2014）提出，TAM 模型忽略了主观准则对个体行为意向的影响。在第二阶段，文卡特斯和戴维斯（Venkatesh & Davis）在 TAM 模型的基础上引入了认知工具性过程和社会影响过程，以此来解释使用意向和感知有用性。高芙蓉（2010）认为，TAM2 模型过于强调工具性的认知，而忽视了使用者内在的情感和目的性动机。在第三阶段，针对不同领域所提出来的变量越来越多，文卡特斯和戴维斯（Venkatesh & Davis）将技术任务适配模型、创新扩散理论、理性行为理论、规划行为理论、动机模型、复合的 TAM 模型和 TPB 模型、PC 利用模型以及社会认知理论等八大理论模型进行整合，提出了 UTAUT 模型。高芙蓉（2010）和李岳（2012）认为，UTAUT 模型的总体解释力达到了 70%，但是该模型会威胁到因素内容的有效性，同时在研究假设和研究方法方面也有局限性。在第四阶段，文卡特斯和巴拉（Venkatesh & Bala, 2008）在 TAM2 模型中，具体研究了感知有用性和感知易用性的决定性因素，从而提出了感知有用性与感知易用性的综合模型（TAM3）。但是，高芙蓉（2010）、李岳（2012）和谢黎蓉（2014）都认为，该模型和 UTAUT 模型一样，在研究方法和测量对象上具有局限性。关于 TAM 模型的实际应用，徐方等（2020）通过 TAM 模型构建了慕课平台接受度模型，发现影响因素主要集中于在线学习方式、与平台匹配度、用户满意度、学习效果等方面。关秋燕（2020）基于UTAUT模型对影响学生课程微博使用行为的主要因素进行了实证分析，发现社会影响对学生使用课程微博学习的行为影响最大，绩效期望的影响作用次之，促成因素影响作用稍弱，期望对行为的影响反而起抑制作用。赵官虎等（2015）基于TAM3模型对影响大学生网络学习行为的因素进行了研究，发现大学生计算机自我效能感、外部支持、感知娱乐性和客观使用与大学生网络学习易用性呈显著正相关。

（二）研究假设

1. 感知有用性和感知易用性

感知有用性，即个体认为某项技术或事物对其有用的程度；感知易用性，即个体认为某项技术或事物易用的程度。戴维斯（Davis，1989）提出用户对某项技术的感知易用性会影响其对该项技术的感知有用性。如果某项技术或创新发明较难使用或难以学会，那么用户对该项发明的有用性感知会降低，即会降低该项技术或发明对自身的价值感知。基于已有的研究，本章提出以下假设：

H1：顾客关于新零售模式的感知易用性对其感知有用性有正向影响。

2. 感知有用性和态度

态度是个体对特定对象（人、观念、情感或事件等）所持有的稳定的心理倾向。这种心理倾向蕴含着个体的主观评价以及由此产生的行为倾向性。在排除外界干扰因素的情况下，人类都倾向于对自己有利或有用的事物。纵观历史，任何发明创新之所以能传承下来，均是因为该项发明对人类有用，进而推动了人类社会的进步。通常，人类会对有用的事物产生积极的态度。基于已有的研究，本章提出以下假设：

H2：顾客关于新零售模式的感知有用性对其关于新零售企业经营的态度具有正向影响。

3. 感知有用性与态度

戴维斯（Davis，1989）提出，个体对某项技术的感知易用性会影响其对该事物的态度。个体对某项事物感知越容易使用，则其对该事物的态度就越积极。如果新零售企业经营不符合顾客的基本消费习惯，则消费者在购买过程中消耗更多的精力。这会影响消费者对新零售企业购物体验的评价和主观态度。因此，基于前人的研究成果，本章提出以下假设：

H3：顾客关于新零售模式的感知易用性对其关于新零售模式的态度具有正向影响。

4. 态度与行为意向

菲什拜因和阿杰恩（Fishbein & Ajzen，1975）认为，用户对某项技术的态度会直接影响其使用该项技术的意向，态度越积极，使用意向越强烈。顾客对新零售企业经营（包括产品和服务）具有较强的使用意向。有研究者（Ming-Chi-Lee，2008）在研究顾客对网上银行的接受度时发现，消费者关于网上银行的态度对其使用行为意向具有更显著的影响。因此，基于前人的研究成果，本章提出以下假设：

H4：顾客关于新零售模式的态度对其在新零售企业购物的行为意向具有正向影响。

5. 感知有用性与行为意向

戴维斯（Davis，1989）认为，除了对态度有直接影响之外，用于对某项技术或创新的感知有用性对其使用该项技术的行为意向也具有直接影响。如果新零售企业能够为顾客提供更加全面的商品和服务，可以帮助顾客更快捷地完成购物，顾客会选择新零售企业进行购物的可能性增加。因此，基于前人的研究成果，本章提出以下假设：

H5：顾客对新零售模式的感知有用性对顾客选择新零售企业购物行为意向具有正向影响。

（三） TAM 模型设计

本章采用 TAM 模型来构建新零售企业经营模式购物接受度的模型。研究模型如图 7-2 所示。

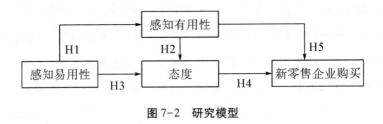

图 7-2　研究模型

顾客关于新零售企业经营的感知有用性对其态度及选择新零售企业购物的意向均为直接的、正向的影响。顾客对新零售企业经营（人、货、场）的意向均有正向的、积极的和直接的影响。顾客关于新零售企业经营的感知易用性对其感知有用性和态度具有直接的、正向的影响。顾客对新零售企业经营的态度直接影响其选择新零售企业购物的行为意向。

三、研究方法与数据处理

（一） 问卷设计

本章以消费者购买行为、TAM 模型等相关研究领域中较为成熟的成果为研究基础，并结合新零售企业发展的现状进行量表设计。问卷使用了李克特量表形式。问卷问题包括两部分：第一部分是调查对象的个人基本信息，第二部分是问卷的测量主题，主要针对各测试项进行测量。感知有用性、感知易用性、态度、购买行为意识等测试项主要是参考了已有的测量表，共 12 个题项。表 7-1 所示的是变量及题项描述。

表 7-1 变量及题项描述

变量	题项描述
感知有用性	我认为新零售企业经营能让我更快完成购物
	我认为新零售企业经营会让我购物更加方便
	我认为新零售企业经营对我来说是有用的
	总之，我认为在新零售企业购物我是愉快的、满意的
感知易用性	我认为选择到新零售企业购物很容易
	我认为学习使用新零售企业购物的各类工具和平台很容易
	我认为我会很快习惯于到新零售企业购物
行为意向	我认为选择在新零售企业购物是一种明智的选择
	我认为在新零售企业购物会让我感到愉快
	我会渴望到新零售企业购物
	我会很乐意看到自己去新零售企业购物

（二）数据收集

本章的调查问卷主要通过问卷星平台进行制作，运用微博、微信、企业微信、QQ 等社交平台进行问卷发送。本次调研共收集到问卷 450 份，其中 10 份因为填写粗糙且基本问题有明显错误被认定为无效问卷，予以剔除。因此，本次调研有效问卷共 440 份。

问卷的前 5 个题项为参与调研者的基本信息统计，包括性别、年龄、受教育程度、职业以及对新技术的应用情况等。

本次调研的对象主要集中在 19~27 岁的年轻人群，大部分调查对象为接受过高等教育的群体，其中女性占 70%。在所有问卷中，超过 55% 的人对新生事物兴趣很大，并有 5 年以上网龄。

（三）信度和效度检验

1. 信度检验

本章的研究运用 SPSS17.0 软件对问卷的数据进行 Cronbach α 信度检验。检验结果显示各测试项的 α 值都大于 0.7，表明问卷的信度总体较好。

2. 效度检验

本章的研究运用 SPSS17.0 软件对问卷的测试项进行效度检验。通常，效度检验是采用探索性因子分析的方法。因子分析之前必须先进行变量间的相关性检验，主要方法为 KMO 和 Bartlett 球体检验。检验结果显示：KMO 系数为 0.898，Bartlett's Test of Sphericity 统计值小于 0.05，Bartlett 球体检验的结果是显著的。因此，本章的研究得到的样本数据是适合作因子分析的。本章继续进行因子分析，得到各变量因子负荷表如表 7-2 所示。

表 7-2　各变量因子负荷表

变量	问卷问题	因子负荷
感知有用性	感知有用性 1	0.871
	感知有用性 2	0.881
	感知有用性 3	0.872
	感知有用性 4	0.871
感知易用性	感知易用性 1	0.911
	感知易用性 2	0.921
	感知易用性 3	0.928
态度	态度 1	0.870
	态度 2	0.912
	态度 3	0.914
行为	行为意识 1	0.963
	行为意识 2	0.963

由表 7-2 中每个变量指标的因子负荷值可以得知，各测试项的因子负荷值均大于 0.5，因此以上各变量均达到效度检测的要求，可以进行路径分析。

3. 假设检验

本章使用 AMOS17.0 软件并采用最大似然估计法计算模拟的适配指数和路径系数。模拟适配度检验结果如下：Chi－square＝44.007，probability level＝0.281，CMIN/df＝1.12，RMSEA＝0.020，NFI＝0.991，NNFI＝0.996，RFI＝0.977。以上结果都符合模型适配的标准。

综上所述，本章研究构建的模型和样本数据可以契合，适配度良好。图 7-3 所示为研究模型的标准化路径系数。

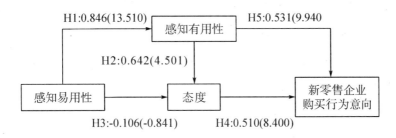

图 7-3　研究模型的标准化路径系数

综合前文的 AMOS 统计分析的结果，我们对本章的研究所提出的研究假设进行分析。表 7-3 所示的为由 AMOS 软件得出的各路径回归系数与标准化回归系数值。

表 7-3　各路径回归系数与标准化回归系数值

假设	路径关系	非标准化回归系数	标准化回归系数	p 值	是否支持假设
H1	顾客关于新零售模式的感知易用性→感知有用性	0.881	0.883	0	支持
H2	顾客关于新零售模式的感知有用性→关于新零售企业经营的态度	0.510	0.651	0.011	支持
H3	顾客关于新零售模式的感知易用性→关于新零售模式的态度	0.531	0.681	0	支持

表7-3(续)

假设	路径关系	非标准化回归系数	标准化回归系数	p 值	是否支持假设
H4	顾客关于新零售模式的态度→在新零售企业购物的行为意向	0.732	0.821	0.002	支持
H5	顾客关于新零售模式的感知有用性→顾客选择新零售企业购物行为意向	0.833	0.910	0	支持

H1：顾客关于新零售模式的感知易用性对其感知有用性有正向影响。

从路径回归系数与标准化回归系数结果来看，顾客关于新零售模式的感知易用性对其感知有用性的路径系数为 0.883，p 值为 0，统计结果显著，假设 H1 成立，假设 H1 得到支持。因此，顾客关于新零售模式的感知易用性对其感知有用性具有正向影响。

H2：顾客关于新零售模式的感知有用性对其关于新零售模式的态度具有正向影响。

从路径回归系数与标准化回归系数结果来看，顾客关于新零售模式的感知有用性对其关于新零售模式的态度的路径系数为 0.651，p 值为 0.011，统计结果显著，假设 H2 成立，假设 H2 得到支持。顾客关于新零售模式的感知易用性对其关于新零售模式的态度具有正向影响。

H3：顾客关于新零售模式的感知易用性对其关于新零售模式的态度具有正向影响。

从路径回归系数与标准化回归系数结果来看，顾客关于新零售模式的感知易用性对其关于新零售模式的态度的路径系数为 0.681，p 值为 0，统计结果显著，表明假设 H3 成立，假设 H3 得到支持。顾客关于新零售模式的感知易用性对其关于新零售模式的态度具有正向影响。

H4：顾客关于新零售模式的态度对其在新零售企业购物的行为意向具有正向影响。

从路径回归系数与标准化回归系数结果来看，顾客关于新零售模式的态度对其在新零售企业购物的行为意向的路径系数为 0.821，p 值为 0.002，统计结果显著，表明假设 H4 成立，假设 H4 得到支持。顾客关于新零售模式的态度对其在新零售企业购物的行为意向具有正向影响。

H5：顾客关于新零售模式的感知有用性对顾客选择新零售企业购物行为意向具有正向影响。

从路径回归系数与标准化回归系数结果来看，顾客关于新零售模式的感知有用性对顾客选择新零售企业购物行为意向的路径系数为 0.910，p 值为 0，统计结果显著，表明假设 H5 成立，假设 H5 得到支持。顾客关于新零售模式的感知有用性对顾客选择新零售企业购物行为意向具有正向影响。

综上所述，运用 TAM 模型研究新零售模式被消费者接受程度的影响因素时，均为显著影响，说明假设均成立。目前，消费者对新零售模式的接受度较高，是因为新零售模式确实给消费者带来了更优质的消费体验。同时，被调研对象均为知识素养较高的群体，对购物有较高的要求，使用网络也非常熟练，有丰富的在各类平台购物的经验。

四、结论与建议

（一）结论

新零售不断发展和创新的时代，顾客对新零售模式的接受程度是新零售未来发展的根本和基础。本章的研究以调研为基础，运用 TAM 模型和 AMOS 统计分析得出的结果为五个假设均成立。具体结论如下：顾客关于新零售模式的感知易用性对其感知有用性有正向影响，顾客关于新零售模式的感知有用性对其关于新零售模式的态度具有正向影响，顾客关于新零售模式的感知易用性对其关于新零售模式的态度具有正向影响，顾客关于新零售模式的态度对其在新零售企业购物的行为意向具有正向影响，顾客关于新零售模式的感知有用性对顾客选择新零售企业购物行为意向具有正向影响，顾客关于新零售模式的感知有用性对其关于新零售模式的态度和使用行为意向具有直接的、正向的影响。因此，顾客对新零售模式的接受度整体较高。新零售企业可以通过各类营销策略，引导顾客通过新零售渠道购物，提高购物的积极性，提升零售业的顾客购买的客单价和新零售企业的经营效率。

（二）建议

本章通过调研与运用 TAM 模型建立顾客对新零售模式的态度及行为意向的影响因素模型，并专门对本科以上学历顾客进行统计分析。结果显示，新零售模式对顾客有较强的吸引力，新零售企业关注顾客的购物体验，线上线下协同经营，为顾客提供更好、更周到的服务，能够引导顾客在新零售企业进行消费。

1. 线上线下融合发展，提升顾客对新零售模式的感知有用性

从验证的结论出发，不难看出，顾客关于新零售模式的感知有用性不仅对顾客的态度有显著影响，同时对顾客在新零售模式企业购物具有直接的影响。因此，新零售企业要想吸引更多顾客购买，需要掌握顾客的真实需求，或者说痛点，为顾客提供更高的价值。新零售企业可以从以下几个方面入手提升顾客对其模式的感知有用性：

第一，通过数据资源的合理应用，消除线上线下渠道的界限，形成渠道间资源共享和场景随意切换。新零售模式依托数据资源对消费者进行最全面的理解，通过线上线下融合，重构人、场、货的时空维度，实现时间和空间的延展，进而使顾客在场中可以选购的商品越来越充足，选择权利增加，且不再受时间和空间的限制。同时，新零售企业要实现与消费者的随时、随地互动，依托完善的数据资源，满足顾客的定制化需求。

第二，引入人工智能，实现以用户为中心的顾客购物实时在线体验。

新零售模式是基于先进技术基础上的零售模式。新零售企业通过适当引入人工智能技术，实现信息收集、处理、分析，进而更加准确地认识顾客，使顾客的特征更加立体化，以顾客的特征为基础打造 O2O 模式，重塑以需求为核心的逆向供应链，实现顾客精准化营销，提升顾客消费的性价比。

第三，构建以顾客为中心的数字供应链，提升零售效率，用数字和科技元素提升消费体验。新零售模式应该更加注重供应链的效率和质量，不断完善以顾客为中心的数字化供应链，实现精准库存和仓配一体化的布局，缩短渠道长度，简化渠道流程，提升线下商业的经营效率和价值，完成供应链各环节的资源整合，将线上技术创新的优势与线下体验感优势相互融合，提升线下门店的科技水平和线上门店的服务感受，实现业态融合式创新。

第四，不断回归零售经营和业务本质，优化盈利模式。传统零售模式依靠通道费、租金、联营扣点的单一盈利模式，降低了零供关系的融洽度，对整个供应链的质量和效率具有较大的打击。新零售模式要克服传统零售模式的盈利模式的缺点，通过实体店和线上门店的创新，全面引入科技元素，打造新的营销模式、场景模式、零供关系；通过提升零售业各环节的效率，提高零售服务附加值，构建新的产业链合作型的盈利模式。

2. 技术创新，提高新零售模式对顾客的感知易用性

本章的研究证明了顾客关于新零售模式的感知易用性对顾客的态度影响显著，且对顾客的感知有用性具有显著影响。因此，顾客对购物平台的易用性会直接影响顾客对新零售模式的有用性感知，新零售模式在创新过程中应该考虑顾客的基本购物习惯。

第一，持续进行技术创新，提升线上平台的便利性和流畅度，提升顾客交易的感知易用性。线上线下融合发展的基础是线上线下购物平台的完备和流畅，线上主要是网站的流畅、便捷、设计合理；线下实体店主要是位置、设计、交通等多要素决定的综合体验。流畅和舒适的门店需要持续

进行技术创新，无论是线上门店还是线下门店均需要技术创新作为支撑。

第二，加强支付企业间的合作，实现支付的融合，提升顾客支付的感知易用性。线上线下融合是提升顾客对新零售模式顾客感知易用性的关键和基础。在线上线下融合过程中，支付融合是关键环节，多家支付平台应该打通支付壁垒，实现所有支付任意选择，如克服目前微信和支付宝分割的局面，提升顾客支付的感知易用性。

第三，持续引进人工智能技术，巧用众包物流，实现物流高效便捷，降低物流成本，提高物流配送效率。

第四，加强线上线下融合发展，实现仓库融合、销售融合、店铺融合、仓配融合等多重要素的线上线下融合，提升顾客线上线下购买的综合感知易用性。

第八章　新零售行业人力资源发展水平研究

一、引言

（一）人力资源的概念

美国著名经济学家、诺贝尔经济学奖获得者西奥多·舒尔茨于 1960 年最早提出人力资源理论。西奥多·舒尔茨被称为"人力资源理论之父"。从经济学角度看，人力资源也被称为人力资本，可看成生产要素中劳动资本与企业家才能之和。人力资本与自然资本、物质资本、货币资本等共同构成了经济生产过程中的生产要素。其中，人力资本是促进经济增长的关键因素。个体因素，如人的知识、能力、健康等人力资本与各种物质资本、劳动力相比，其对经济增长的贡献更大。舒尔茨认为，对人力资本的投资带来的产出的增加将高于物质资本和劳动数量的增加带来的产出增加。同时，因为自然资源中某些要素存在不可再生性，所以使用自然资源会带来负的外部效应。人力资本投资不仅有正的外部效应，同时其边际效应递增，因此人力资本要素在行业发展和企业经营管理过程中显得尤为重要。

关于人力资源的概念，目前我国理论界有几种不同的观点，归纳起来主要以下几种：第一种观点认为，人力资源是指人，但对人力资源的涵盖面有不同的认识；第二种观点认为，人力资源是指劳动者的能力；第三种观点认为，人力资源是指一定范围内人口总体所具有的劳动能力的总和，是指一定范围内具有为社会创造物质和精神财富、从事体力劳动和智力劳动能力的人的总称。在现代企业中，人是最宝贵的资源。"优胜劣汰，适者生存"是市场竞争的必然结果，而竞争的焦点则集中于人。重视人力资源及其管理的重要性、推动人力资源管理改革、完善用人机制、加强人力资源的开发和管理、挖掘和利用人力资源、培养和开发多层次的优秀员工队伍、造就适应经济新常态勇挑重担的人才、提高组织的效能，是经济高质量发展和推动产业转型升级的重要保证。

（二）新零售行业人力资源的概念

本书认为，新零售行业人力资源的概念可以从两个方面来理解：一是在宏观方面可以从新零售行业人力资源整体结构、存量以及质量方面来理解，二是在微观方面考察新零售企业的人力资源发展水平。从宏观上来看，新零售行业的人力资源是指一定范围内人口总体所具有的劳动能力的总和，即一定范围内具有为社会创造物质和精神财富、从事与新零售行业相关的体力劳动和智力劳动能力的人的总称。从微观上来看，新零售行业的人力资源是新零售企业生产经营的重要生产要素。新零售企业通过运用人力资源，实现对组织的人和事的管理，处理人与人之间的关系、人与事的配合，充分发挥人的潜能，并对人的各种活动予以计划、组织、指挥和控制，以实现新零售企业快速发展的目标。新零售的发展对人力资源有了更高的要求。新零售的发展是零售效率的革命，是新兴技术和管理模式的创新，其要求人力资源的素质更加全面和综合，既要懂新零售发展的理念和模式，也要理解相关技术的运行原理和应用场景，从而使人力资源能够跟上新零售发展的步伐。传统的装卸搬运等工作正在被自动化的机器所取代，新零售的人力资源与传统零售行业所指的人力资源有着本质上的区别。

新零售行业人力资源发展是一个全新的课题，与传统的人力资源管理有着本质的区别。传统零售行业粗放式的发展在很大程度上降低了零售行业的从业门槛，制约了人力资源整体水平的提高。在国内各大零售巨头和非传统零售企业纷纷布局新零售的情况下，新零售企业间的竞争日趋激烈，如何招聘人才、留任人才、培养人才、吸引人才、激励人才是摆在新零售企业面前的一个严峻的课题。新零售行业人力资源的开发与管理，相对其他竞争性行业发展较缓慢，行业的人才素质与行业的发展要求相差甚远。要适应市场新形势和高质量发展新常态，新零售行业就必须突破在人力资源管理上的瓶颈，增强企业人力资源管理能力，提高新零售行业人力资源的整体水平。

随着社会的飞速发展，在组织的人、财、物、信息四种资源中，人们越来越广泛地认识到人才的重要性，以人为本的理念正渐渐深入人心。以高投入、高消耗、低产出为特征的传统经济发展模式已难以为继，经济发展必须寻找新的出路，加速人才资源开发，使劳动、资本等生产要素发生质的变化，提高人力资源潜能的开发，促进生产技术的进步和区域整体创新能力的提高。中国的人力资源数量巨大，但质量不容乐观。学校教育只是在知识上做了准备。这些人要适应社会的要求，还需要社会、组织对人力资源的二次开发、二次培训。这不仅包括技能方面的培训，还应该包括人际交往和行为规范、社会道德等诸多方面的教育。企业必须从战略目标出发，打破以人为中心的"权利思想"，建立以事为中心的"流程思想"，实现从功能管理到流程管理的突破性思维，从而实现企业的战略目标。

二、新零售行业人力资源特征

（一）新零售行业人力资源的宏观整体特征

1. 新零售行业人力资源是推动零售行业转型升级和创新发展的主体

新零售理念的提出和新零售实践的发展与技术进步、管理创新是紧密相关的，技术对于促进零售生产效率的提升有着根本性的推动作用。科学技术的进步依赖于科技人力资源，然而新兴技术在新零售领域的应用却依赖于新零售行业人力资源。新零售行业人力资源作为技术应用的承担者，一方面通过不断发现零售行业痛点以及消费者的需求，并将这些信息反馈至科研界，为科技工作者提出新的研究课题和攻关方向；另一方面在一些已经研究成熟的技术方面，努力找到这些技术的应用场景，使其快速完成成果的转化，并使得零售效率有实质性的提高。新零售行业人力资源是这一过程中的重要连接中介，要通过新零售行业人力资源推动零售行业实现技术赋能，从而促进新零售行业的转型升级和创新发展。

2. 新零售行业人力资源是商贸流通产业高质量发展的重要推动要素

商贸流通业的高质量发展是我国经济高质量发展的重要组成部分和主要推动力之一，而传统零售朝着新零售的方向转型升级则是实现商贸流通业高质量发展的重要途径和突破点，改变其传统粗放式的发展方式，向着创新、协调、高效、高质量的方向发展是适应新发展形势的重要内容和要求。通过在新零售行业人力资源端发力，持续推进线上线下零售以及物流的融合发展，可以显著提高零售企业的经营效率，给消费者提供更优质高效的服务，也就能满足广大人民群众对美好生活的需要，从而在零售市场上获得竞争优势。新零售行业人力资源的提质升级，为零售行业的创新发展注入了活力和动力，更是为整个商贸流通业储备了更高水平的人力资源，从而为商贸流通业的转型升级和创新发展提供了重要的人才和智力保障。

3. 新零售行业人力资源在整体上是稀缺的

宏观层面上国家的国际竞争力、民族的繁荣程度以及微观层面上企业的经营情况，都与人力资源的质量和水平密切关联，且发挥着引导性和基础性的作用。因此，新零售的创新发展中，应该人才先行，聚集一批懂技术、懂管理、思想开放的新零售高素质人才。近年来，新零售发展迅速，与发展的速度相比，新零售行业人力资源的发展还不能与之匹配，甚至出现人才断层的现象。大多数新零售企业拥有的人力资源还是传统零售的"老兵"，缺乏对新零售理念的理解以及对新零售相关技术的了解。新零售的理念从提出到发展至今，所经历的时间尚短，属于较新的领域，因此无论在学术界还是实务界都有待继续深入。处于这样一个发展的初级阶段，高素质人才的缺乏是必然的现象。

4. 新零售行业人力资源在地域上分布不均衡

新零售的布局和发展需要良好的市场经济环境、科技创新环境和人文环境，要能为新零售的发展提供良好的容错空间。良好的市场经济环境是催生新理念和新事物的必备条件，良好的科技创新环境为新零售发展提供技术支撑，良好的人文环境更有利于提高消费者对新零售的接受度，实现新零售在实践中快速落地和布局。然而，同时满足这些条件的地区一般为一些省会城市和一些重点城市，这些地区对人才的吸引力也较高（见图8-1）。

根据猎聘网2019年发布的《解码新零售人才大数据》报告，北京、上海、深圳、广州、杭州、成都、南京、武汉、苏州、重庆这十座城市在新零售人才存量方面遥遥领先，总共占新零售人才存量的61.97%。现阶段，新零售的发展布局主要集中在这些地方，其人力资源也主要聚集在这些地方，其他三四线城市以及广大的农村地区很难吸引到新零售人才，新零售行业人力资源总体呈现出分布不均的情形。

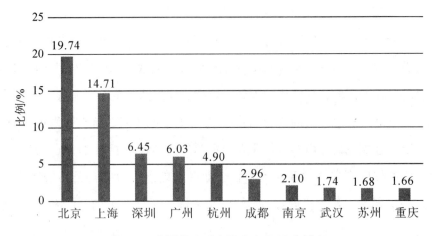

图 8-1　新零售人才存量分布前 10 名城市

资料来源：猎聘网《解码新零售人才大数据》报告。

5. 新零售行业人力资源普遍具有较高的素质和综合能力

新零售发展所需的具备高素质的综合性人才仍然属于人力资源的范畴，但是其在新零售企业生产经营过程中发挥的作用是传统零售的人力资源所无法比拟的。在传统零售中，线上零售与线下零售存在不可调和的竞争关系，尤其是在客群资源、价格竞争等方面，线上零售与线下零售的竞争尤为激烈，因此这导致了传统零售线上线下人才培养和发展是割裂开的。新零售的发展对人力资源有了更高的要求，新零售人才不仅需要具备线上和线下相关运营、管理方面的知识，还需对供应链、新兴技术等各个方面有着较为深刻和全面的了解，把握新零售发展的最新趋势，熟知企业经营管理的各个流程，从而提高企业经营管理各个环节的协同程度和效率，增强企业的市场竞争力。

（二）新零售行业人力资源微观市场特征

1. 新零售行业人力资源需求与供给量变动特征

新零售作为全新的商业模式自出现以来，不仅带动了消费升级，同时也提高了上下游企业对相关人才的重视。新零售围绕消费者需求重构人、货、场，催生了一系列岗位需求，为人才带来全新的职业机会。

由图 8-2 可以看出，2017—2019 年，新零售产业快速发展带动人才需求增加约 20 倍。新零售在 2017 年真正起步并实现了快速增长。新零售行业人才需求指数与供给指数显示，2019 年四季度需求指数高达 20.9，也就是说当期新零售行业人才需求规模是 2017 年一季度的 20.9 倍。产业的快速成长吸引了越来越多人才的涌入，2019 年四季度新零售行业人才供给指数也达到了 15.8，较基期增长了 14.8 倍。

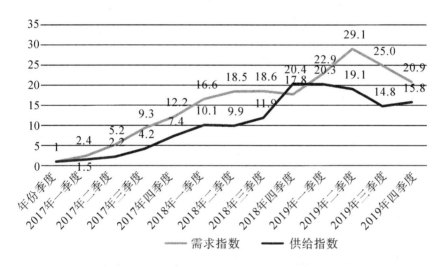

图 8-2　新零售行业人力资源供需变化

资料来源：智联招聘联合银泰百货发布的《2020 年新零售产业人才发展报告》。

2. 新零售人才的学历特征

新零售行业的快速发展，使其人才需求量也急剧提高。新零售人才的需求首先反映在企业的人才招聘市场上，除了相关的新零售企业对人才有较大需求外，传统的零售企业、互联网企业等不同的行业企业为了赶上新零售的大潮，纷纷设置新零售相关职位招纳人才，开拓新零售板块，朝着新零售的方向转型升级。新零售不同于传统零售，传统零售大多数岗位对学历不做太多要求，行业从业门槛较低，人员流动性较大，而新零售岗位对人才质量要求更高。从学历上来看，相关岗位人才要求呈现高学历的特点。

根据猎聘网 2019 年发布的《解码新零售人才大数据》报告，在新零售行业人力资源中，本科学历人才占比高达 60.22%，硕士学历人才占比 9.88%，MBA/EMBA、博士/博士后学历人才分别占比 1.90%、0.72%，本科学历以上人才占比约七成（见图 8-3）。

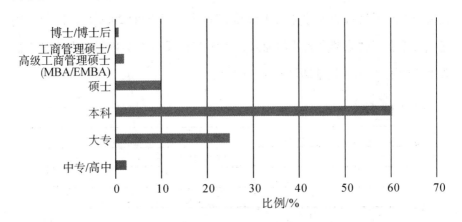

图 8-3　新零售行业人力资源学历分布

资料来源：猎聘网《解码新零售人才大数据》报告。

3. 新零售人才专业背景特征

新零售围绕消费者需求重构人、货、场，催生了一系列岗位需求，为人才带来全新的职业机会。新零售从业者专业背景呈多元化。新零售对复合型人才具有较高的需求，尤其是对具备专业技术背景的复合型人才具有较高需求（见图 8-4）。

在新零售行业人力资源所具有的专业背景中，信息技术类和商贸类专业背景的人才占主流，其中具有计算机科学与技术、工商管理、市场营销三大专业背景的人才数量占比较高，分别为 5.98%、5.91%、4.63%。另外，具有会计学、电子商务、物流管理、国际经济与贸易、软件工程等专业背景的人才在新零售人才来源中也占据较高的比例。

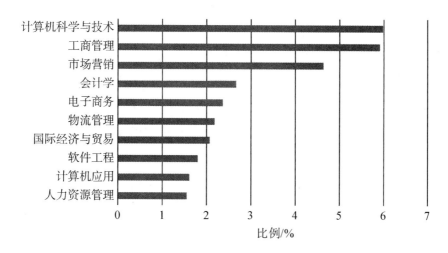

图8-4　新零售行业人力资源专业背景分布

资料来源：猎聘网《解码新零售人才大数据》报告。

三、新零售行业人力资源存在的问题研究

（一）缺乏人才资源战略规划

新零售是在传统零售的基础上对技术和管理模式的创新，是对传统零售经营方式的整合和创新，并且目前还处于发展的初级阶段。新零售的发展方向和趋势都尚处于探索阶段。从宏观层面上来看，新零售的发展方向和市场预期都充满不确定性，也导致人才培养与人力资源发展缺乏相对清晰的顶层设计与政策规划。此外，新零售企业的人力资源规划大多处于不清晰的状态，其发展所需的中高级管理人员与技术骨干人员匮乏。大多数新零售企业只是在人才突然流失导致岗位空缺，进而影响企业正常的生产经营的时候才临时发布招聘计划，导致人才招聘过程中存在着极大的被动，严重影响招聘质量。人力资源发展规划的缺失，使企业不能形成较为完善的人才替补机制、培养机制和招聘机制，导致人才断层现象出现。

由表8-1可知，现有新零售典型企业中，只有苏宁易购与超级物种制

定了专门的人才规划项目，并与清华大学、北京大学等一流高校建立了合作关系，将校园招聘作为其人才储备的重要渠道。阿里巴巴制订了一系列的人才计划，主要是关于实习生的培养，作为其人力资源战略规划的重要部分。京东的零售版块目前是利用管培生项目进行人才培养。阿里巴巴、京东与高校之间的合作关系较为薄弱。通过表 8-1 也可以看出，新零售典型企业的招聘方式主要是校园招聘（校招）、社会招聘和猎头等，但是校园招聘与社会招聘的比重并不一样。这也从侧面说明，每个企业的人力资源战略规划是不一样的。近年来，苏宁易购与超级物种在零售板块中排名靠前，与其人力资源战略规划是密不可分的。其他新零售企业的人力资源战略规划尚未形成完整的体系，缺乏系统的规划，招聘具有随机性，与优质高校的合作偏少。目前来看，人才缺乏成为新零售企业发展的制约因素之一。新零售未来的高质量发展，人力资源战略规划是基础。

表 8-1　新零售典型企业人才战略简表

企业	人才规划	招聘渠道	招聘方式	人才结构
苏宁易购	1200 计划	与高校建立合作关系	校招+网络直聘+猎头	本科及以上占 70%以上
盒马鲜生	人才计划（实习生）	没有与高校建立稳定合作关系	社会招聘（为主）+校园招聘+猎头	本科及以上占 90%
超级物种	1933 项目	与高校建立合作关系	校招+网络直聘+猎头	本科及以上占 90%以上
京东	管培生	没有固定的合作院校	校招+社会招聘+猎头	本科及以上占 90%
猩便利	无	没有固定的合作院校	社会招聘	专科为主
名创优品	无	没有固定的合作院校	社会招聘	专科为主
淘宝便利店	无	没有固定的合作院校	社会招聘	高中为主

资料来源：根据相关公司网站和招聘网站相关资料整理而得。

（二）缺乏具备高素质的综合性人才

当前的零售市场正处于传统零售向新零售转型升级的重要转换时期，传统零售的人力资源发展割裂了线上人力资源与线下人力资源的关系，导致同时具备线上线下经营管理能力的人才缺乏，从而使得传统零售的人力资源不能很好地适应新零售发展的需求，出现人才断层。新零售人力资源出现断层主要体现在高素质综合性人才的缺乏，这类人才既要对企业的经营管理有着科学的了解，又要对新兴技术有着深刻的认识，并且能深刻把握企业的发展方向。对于中低端人才，新零售的人力资源需求与传统零售的人力资源需求相似，如对专业的物流人才、仓储人才等人力资源有着相似的需求。

友邻公司作为一家世界知名的德国零售企业，于 1913 年在德国成立，经过 100 多年的发展，至今已在全球十几个国家拥有超过 1 万家店铺，并成为国际市场上享有盛誉和备受肯定的零售品牌。虽然其在国际市场发展状况良好，但是其在中国的发展却面临较大的问题，尤其是在新零售时代的大背景下，友邻公司的新零售之路充满着困难，而最大的困难则来自高素质综合性人才的缺乏。目前，友邻公司主要业务范围在上海，其在上海有 280 名员工，在全国共有 325 名员工，由于其在中国市场规模较小以及在企业文化和经营理念方面与本土化市场存在差异，其难以招聘到具有专业背景的复合型人才。在现有的人力资源情况下，中专或技术学校学历占比较高，超过 80%，仅有 3 名员工拥有硕士学历。现有人员结构中，本企业工作时间为 1 年的占比为 61%，2 年的占比为 27%，3 年的占比为 2%，其余均为 1 年以下。这些数据暴露了友邻公司在高素质人才方面的缺乏和人员流动性大的问题，给公司经营带来了极大的困难。尤其是在高素质人才缺乏的情况下，友邻公司的新零售发展规划迟迟未能出台，发展方向模糊。目前，友邻公司线上业务开展十分迟缓，线上线下融合发展受到极大限制。

（三）人才结构不合理

人力资源发展的滞后是阻碍新零售快速发展的重大挑战。目前，新零售行业乃至整个商贸流通业由于人才结构不合理，大都过分依赖大量素质较低的劳动力，导致整个行业处于发展质量较低但增长速度较快的发展状态，难以推动企业的转型发展，这是一种十分不健康的发展模式。根据相关市场数据分析，大部分新零售企业中管理人员学历不高、专业能力不强，不能满足新零售企业发展的需求，因此在新零售高端人才市场出现供不应求的状况。同时，不少新零售企业中中层管理者素质有待提高，大多数中层管理者缺乏现代企业运营管理的基本知识，不了解现代企业的运作制度，在管理方式上大多处于经验管理阶段。然而，在新零售中低端人才市场却存在着较为丰富的人力资源，出现供大于求的现象。

以天虹超市、永辉超市、王府井百货以及苏宁易购为例（见表 8-2），以上企业均积极开拓新零售板块，向着新零售方向转型升级，人力资源成为影响各企业转型发展的重要因素。受教育程度可以反映各企业的人才结构，新零售企业在人力资源储备方面有着较大差异，人才结构的高级化和合理化将促进新零售企业的发展。天虹超市在低学历员工方面占比很高，达到 90% 以上，不利于企业的转型升级；苏宁易购各层次人才数量较为合理，为其新零售发展打下了良好的人才基础。

表 8-2　部分新零售企业人才学历结构　　　　　单位：%

学历	天虹超市	永辉超市	王府井百货	苏宁易购
研究生及以上	0.14	0.12	0.55	2.27
本科	2.41	4.11	15.18	35.55
大专	2.58	14.95	26.68	24.86
高中及以下	94.87	80.82	57.59	37.32

资料来源：根据各企业 2019 年企业年报整理而得。

（四）人才培养机制不健全

人才培养机制是一个复杂的概念，涉及教育、培训等多个方面。由于新零售处于发展的初级阶段，国内高等教育和职业教育的相关学科建设和课程设置都不健全，甚至还没有设置相关专业，从而难以为新零售的发展提供足够的智力支撑和人才保障。传统的高等教育和职业教育将零售行业细分为较多专业，如电子商务、市场营销等，专业之间各有侧重，联系不够紧密，如电子商务侧重于培养线上零售人才。新零售人才需要具备多方面的知识和技能，既要注重线上也要注重线下，需要具有较为全面的视野。因此，传统的教育和培训模式并不能为新零售发展培养所需人才。此外，培训是积累人力资源的第二大途径。员工培训可以在提高员工专业技能的同时，将企业的理念和价值观传输给员工。然而，当前很多新零售企业并不重视对员工的业务培训，且很多企业还是在沿着传统零售的思路对员工进行培训，导致培训效果不佳。

市场营销专业是零售人才培养的基础性专业，而该专业的发展近年来却面临较大问题。以重庆市高校为例，全市共有本科院校 19 所，其中 15 所高校设置了市场营销专业，几乎所有高校都是将微观经济学、宏观经济学、管理学原理、管理信息系统、统计学、会计学、财务管理、市场营销学、经济法等专业核心课程作为必修课程或选修课程，但未设置大数据、云计算等相关课程。随着新零售时代的到来，基于大数据、云计算、人工智能等技术的商业创新给零售企业的营销理念、业务流程、营销决策等工作提出了巨大的挑战。应用新兴技术进行商业分析和决策已经成为营销工作的发展方向，社会对于具有专业技术背景的复合型人才提出了强烈的需求。然而，大多数高校目前并未整合多学科教育资源、调整课程设置，这使得其人才培养不能与市场需求相匹配。

（五）员工绩效考核机制和劳动分配机制尚未完善

科学合理的员工绩效考核机制和劳动分配机制对员工具有较强的正向激励作用，可以提高员工工作效率、激发员工的学习激情和创新潜力，从而为新零售行业人力资源的高质量发展起重要的推动作用。员工绩效考核机制和劳动分配机制直接关系到企业员工的劳动收益，对员工工作意愿造成较大影响。新零售借助科技的力量将线上线下打通，对各种渠道和资源进行整合，其经营方式与传统零售有着较大的差别，其员工考核机制也与以往存在较大的差异。例如，以往线上线下各自独立经营，有着独立的服务渠道，然而在新零售经营模式中，可以线上下单、线下体验、退货等，这无疑会增加实体店的工作量，降低员工的劳动收入比，加速行业人才流失，对行业人力资源的持续发展产生消极作用。

阿里巴巴集团对员工绩效考核有着较为完善的制度，其在新零售板块的快速发展离不开科学的绩效考核制度。相比之下，大部分新零售企业尚未建立有效的绩效考核机制，严重影响了企业员工的工作积极性。阿里巴巴集团核心的考核原则如表8-3所示。

表8-3　阿里巴巴集团核心的考核原则

原则	描述
参与性	绩效考核是双向交流、共同参与的管理过程，是全体员工及各部门本职工作的一部分
客观性	绩效考核必须以日常工作表现的事实为依据，进行准确而客观的评价，不得凭主观印象判断
一致性	绩效考核所依据的事实必须与被考核人以及部门负责的工作有关
公正性	绩效考核严格按照制度、原则和程序进行，公正地评价被考核者，尽量排除个人好恶、同情心等人为因素的干扰，减少人为的考核偏差
指导性	绩效考核不能仅仅为利益分配而考核，而是通过考核指导帮助员工以及部门不断提高工作绩效

四、新零售行业人力资源发展水平影响因素及其路径研究

新零售行业人力资源发展水平受很多因素的影响，每一种影响因素对其影响作用的大小以及影响机制都有差异，研究新零售行业人力资源的状况必须对其影响因素进行准确的识别与筛选，以期为新零售行业人力资源的发展提供更有效的理论支撑。由于不能穷尽所有的影响因素，本章将根据概括性和典型性的原则，对新零售行业人力资源发展的典型性和本质性影响因素进行研究，阐述其影响路径与影响机制。

（一）教育为人力资源发展提供智力支撑

教育是培养国民经济发展所需人才的重要途径，为经济发展提供智力支撑。智力资源是经济发展的重要推动力，智力支撑是人力资源发展的关键要素。一般来说，智力资源被认为是人力资源的重要组成部分，而教育则是被看成积累智力资源的重要途径。著名的经济学家罗默在研究经济增长的时候，十分注重教育对经济发展的重要意义。根据罗默的内生经济增长模型，教育的投入会带来居民受教育水平的提高，从而积累大量的智力资源，提高人力资本的整体质量。广大居民在受教育过程中积累了大量的基础知识和专业知识，并具备了良好的工作技能，这会带来就业的增长，为经济社会长期稳定发展打下坚实基础。

教育对一个行业的发展影响是巨大的。对于新零售行业来说，其当下正处于发展的初级阶段，正是需要人才的关键时期，要从长远看教育对新零售人力资源发展的重要意义。尤其是作为专业人才教育最重要阶段的高等教育，要通过新零售相关专业和学科的设置，形成新零售行业人才积累的外在推动力，培养出既具备管理能力，又懂技术应用的新零售高素质人

才，不断为新零售行业输送优秀人才。人们通过在受教育阶段系统学习基础知识，积累了大量科学的工作方法、研究手段以及创新灵感，这些特质将会在工作岗位中转化为工作效率和创新能力。

（二）培训改善人才结构、提高人才质量

培训是提高人才质量、积累人才资源的又一重大途径和方法。培训与教育都是提升人才质量的重要途径和方法，但是两者在培养思路上有着十分明显的差异。从形式上看，教育一般发生在人们进入职场之前，偏向于基础性知识和常识性知识的学习；培训一般发生在人们进入职场之后，此时职业选择已基本稳定，培训更多是对特定的工作问题进行有针对性的训练，偏向于实际技能的提升。从行业发展的整体来看，人们在接受教育之后，进入某一行业，不仅改善了该行业的人才质量，还为该行业带来了人力资源数量上的变化；培训发生在入职后，极大提升了人力资源质量，而对行业的人力资源数量没有明显的改变。高等教育非普及性教育的特性使得只有部分人能接受高等教育，而培训的门槛则较低，无论是高级技术管理人员还是普通职工都可以接受职业培训，以提高专业技能水平。

无论是传统零售行业还是新零售行业都必须注重培训机制为行业发展带来的积极且深远的影响。传统零售对人力资源的培训主要集中在营销技巧、管理方法和服务规范方面，新零售对人力资源的培训，首先应对人力资源类别进行精准识别，高级人才应该通过培训提高管理能力、技术敏感性和战略决策能力，引领企业朝着更高效率的新零售方向转变。根据分工理论，新零售的中级人才及普通职工应通过培训提高其对专门问题的解决能力。此外，由其他行业转入新零售行业的人员通过职业培训，也能快速掌握本行业经营管理的基本知识，快速适应岗位工作，并通过后期的不断学习，使职业素质与行业的快速发展相匹配。

（三）平台使人才与市场快速对接

建设人力资源交流平台、信息平台等是行业发展的重要基础。人力资源交流平台对促进人才资源在行业内的自由流动和良性流动有着重要意义。通过人力资源交流平台，行业内企业对于人才的需求信息可以得到有效传播，而个人则会通过对自身能力和技能的评估，选择与自己期望最相符合的岗位。在薪酬水平、岗位职责和自身能力都相匹配的情况下，个人的工作潜能和效率会得到最大化释放，达到人尽其才的效果。信息平台建设的主要目的则是为行业人才打造一个持续学习的平台，使行业内部各企业的先进管理技术和管理方法得到快速传播，并对行业内人员有深刻的启发作用，从而将这些经验与方法融入工作实践中，提高工作效率，持续推动人力资源的整体质量。

结合新零售目前的发展趋势来看，建立新零售行业的人力资源平台十分迫切，平台的建立有利于人力资源在行业间的自由流动以及在行业内部的良性循环。当前大部分人力资源平台都未进行行业细分，均为大类平台，且由于平台管理松懈，导致许多平台所发布的市场信息失真，提高了信息收集的成本。新零售行业处于发展的初级阶段，在许多人力资源平台上甚至没有与新零售相关的市场信息。此外，在一些人才交流平台上，也没有专门针对新零售的板块，这不利于行业内外人员对新零售的了解和学习。新零售行业通过平台建设，普及新零售的行业信息和知识，有利于增强市场对行业的了解，提高市场接受度。

（四）政策环境对人力资源发展发挥导向作用

政策具有强有力的导向作用，在人力资源积累过程中，人才政策起着十分重要的作用。总体来看，相关政策主要通过两个方面来影响人力资源的积累：一是有关人力资源的人才政策，对人力资源的发展起着直接的影响作用；二是有关行业创新发展的支持政策，对人力资源的积累起着间接的影响作用。人力资源相关政策是对人才的引进政策和相关保障政策，通过一系列的方式，包括畅通人才住房、家属就业、子女就学、卫生医疗、交通出行等渠道，努力为人才提供"一站式"服务，将本地的优秀人才留住，将外地的优秀人才引进来，并通过这些平台和渠道等，让他们能够安心工作。一些产业发展扶持政策、行业发展促进政策等，虽然对人力资源的发展没有直接的关系，但是这些政策的出台，极大地提高了人们对相关行业的信心和预期，激发了人们投身该行业的信心和决心，从而促进了人才由其他行业流向新零售行业，提高了新零售行业的人才存量。

当前，新零售还处于发展的初级阶段，国内还没有专门制定针对新零售人才引进管理办法，甚至新零售相关人才的培养与开发未引起重视，这与新零售发展阶段和普及度不高的原因密切相关。相关部门必须深入研究新零售行业人力资源开发创新路径，结合实际情况制定新零售行业人力资源政策，才能发挥其基础性指导作用。此外，促进新零售发展的相关政策也会对人力资源发展起到十分积极的作用，如 2015 年国务院办公厅印发《关于推进线上线下互动加快商贸流通创新发展转型升级的意见》以及 2016 年国务院办公厅印发《关于推动实体零售创新转型的意见》等相关政策意见的实施，一方面对新零售行业发展起着重要的直接推动作用，另一方面加深了人们对新零售行业的预期和信心，让人们看到了新零售即将迎来大发展的重要趋势，吸引了一些其他行业的从业人员转岗换职。新进人才经过相关的从业培训之后，成为合格的新零售人才，增加了新零售行业的人才总量。

（五）激励机制激发人才创造力

现代人力资源管理理论认为，企业的招聘用人和个人的求职工作是一个双向选择的过程，只有当个人认为自身追求的价值和利益与公司的价值理念和发展方向一致时，个人的工作热情和工作创造力才会被主动激发出来，从而全身心投入工作之中，展现出较高的工作效率。企业建立和完善人才激励机制就是向企业员工展现价值理念的重要方式，即通过激励机制对员工个人发展诉求提供一个积极正面的回应，从而更大程度激发人才的潜能和上进心，使其更加积极主动地投入工作之中，朝着个人与企业共同的奋斗目标而努力。完善的激励机制包括两个方面的内容：一是对人才的物质奖励，二是对人才的精神奖励。物质奖励和精神奖励都能使人才某一方面的需求得到极大的满足。然而，需要注意的是，精神奖励切忌"画饼式"精神奖励，即让人才长期得不到基本的物质满足，要将精神奖励需要与物质奖励相搭配。在完善的激励机制中，企业需要建立健全人才培养体系，为人才提供岗位培训、进修和学习的机会，搭配舒适的工作环境、科学的职业生涯规划，促使员工的个人理想和生活诉求得到进一步满足。

新零售人才激励机制要结合新零售企业实际情况进行建立和完善。无论是线上零售还是线下零售，相关工作范围划分都很清楚，如线下零售只涉及线下范围，同一品牌通过线上渠道购得所产生的后续服务也只能通过线上商家提供，而不能通过同一品牌的线下实体店提供。与传统零售运营模式不同，新零售运营具有特殊性，相关职责划分和劳动划分都具有模糊性，线下实体店可能还会涉及线上业务，线下可以为线上提供提货、退货等售后服务，这无疑增大了线下工作的复杂性，且员工绩效考核机制和劳动分配机制尚未完善，这都加大了激励机制实施的难度，也成为当下新零售企业发展面临的一个难题。新零售企业应在员工绩效考核工作方面下功夫，明确绩效考核机制，为企业实施激励机制提供评选依据。新零售行业目前还处于发展的初级阶段，必须尽快建立和完善人才激励机制，激发员工的主动性和创造性，营造有序良好的竞争氛围，推动新零售企业人力资源整体水平的提高。

五、提升新零售行业人力资源发展水平的路径研究

（一）统筹实施行业支持政策，为人才提供才能施展平台

新零售行业的发展处于初级阶段，在企业经营管理的实践中存在着许多问题，甚至对新零售的发展持有悲观态度的人也不在少数。例如，一些人认为新零售线上线下融合发展的模式无论是线下打造体验店还是打造与线上运营相匹配的新物流，都需要投入大量的人力、物力和财力，给新零售企业带来了较大的成本负担，因此新零售企业在长期不具备竞争力。不得不承认，任何一种商业模式在发展的初级阶段都会存在许多问题，但是这并不影响其长期的竞争能力。随着一些关键技术的突破以及技术应用场景的普及，新零售模式必将在长期显示出强大的生命力，为国民经济的高质量发展助力。国家应适时出台有关推进新零售行业发展的政策意见，引导国内新零售市场做大做强，增强人们对新零售行业的信心，促进传统零售的转型升级，从而为新零售行业人才提供更多施展才能的平台和创造价值的空间。

（二）系统规划人力资源发展目标，把握人力资源发展关系

系统规划新零售行业人力资源发展目标，是实现新零售行业快速发展总体目标的基础。人力资源发展战略的系统规划首先应处理好人才发展近期目标和远期目标的关系，即可以通过职业培训、岗前培训等使新零售行业从业人员迅速掌握相关经营管理技术，实现新零售行业发展急需人才的培养；通过教育、基层锻炼等方式，培养新零售行业长远发展所需的高素质复合型人才，为新零售行业发展打牢人才储备后劲。其次，人才资源发展战略要把握高层次人才和各类人才培养的关系，要加大高层次人才的引进和培养力度，引领带动商贸流通业的发展，注意从各方面吸引一批科技

专业人员充实壮大新零售行业研发队伍，加快新零售经营管理辅助技术的攻关突破。最后，人才资源发展战略应注意对物流供应链方面人才的培养，新零售线上线下的融合发展需要反应快速的供应链系统作为保障。供应链方面的人才也是新零售行业发展所急需的人才。

（三）以市场需求为导向，保证人力资源的有效配置

用市场化的方法来实现新零售行业人才配置，就是要寻求新零售人才和行业发展相匹配的组合，降低新零售人才的交易成本，提高人才的产出效率。首先，人才市场应发挥在人力资源配置中的基础性作用，即为各类人才找到发挥能力和价值的最优平台，提高人才的价值创造效益。人才市场可以建立新零售人才信息平台，完善企业与平台的对接机制，降低行业内人才有序流动的成本。其次，人才服务平台应扩大业务范围，拓展服务领域，逐渐形成新零售人才的评价考核机制，提高新零售人才能力与企业发展需要的匹配度。最后，政府应完善监督机制，出台相关政策保证新零售人才市场竞争的公平性和有序性，避免人才市场运行失灵的情况发生。

（四）建立新零售人才激励机制，提升人才创造力

人才激励机制是提升人才质量的重要途径。人才激励可以激发企业员工的工作激情，提高企业员工的工作效率。第一，企业应持续加大物质激励力度，满足企业员工对物质的需求，提高员工的生活质量。企业可以通过薪酬制度改革，实行年薪制、期股期权、融资持股等多种分配形式，鼓励人才为新零售行业多做贡献。特别是对有突出贡献的新零售人才，企业应加大物质激励力度，保障他们全身心投入新零售事业中去。第二，企业应加大精神激励力度，通过精神激励，满足新零售人才对荣誉感、成就感等方面的需求，激发员工工作的积极性。例如，企业可以通过开展优秀人才评选活动等，树立新零售行业先进人才典型，使员工的奋斗价值融入企

业乃至整个行业的发展目标中，提升企业员工的凝聚力。此外，由于精神激励通常比物质激励的成本低，许多企业仅仅是实施"画饼式"激励，这不利于企业人力资源的良性发展。注重精神激励和物质激励的相互搭配，才能保证激励机制起到较好的效果。

（五）整合人才培养资源，实现新零售行业人力资源高质量发展

新零售人才的培养过程是一项复杂的系统工程，需要方方面面的密切配合和统筹推进，才能使新零售行业人力资源的数量、质量和结构等与行业发展的需求相一致。整合人才培养资源，统筹推进教育、培训、实习等资源的整合，是实现新零售人才培养过程统一化、提升培养效率的重要基础。首先，在宏观层面，相关政府部门和高校应加强对新零售人才培养的重视，提前谋划和布局，统筹规划大中专院校招生计划，调整相关的专业设置和课程设置，尤其是要转变传统的将线上零售人才与线下零售人才独立培养的思路，如将电子商务、市场营销、大数据等专业进行调整设置，培养新零售发展所需的高素质复合型人才。其次，市场化的新零售人才培训机构也要根据新零售发展的需求，及时调整培训方向，使人才与岗位相匹配。最后，新零售企业的人事部门需要拥有丰富的人才培养和培训手段，如通过换岗培训、继续教育等方式，建立学习型人力资源组织，推动传统零售人才转型升级，提高人力资源发展质量。

参考文献

［1］ BARROS C P, ALVES C. Hypermarket retail store efficiency in Portugal ［J］. International Journal of Retail & Distribution Management, 2003 (11): 549-560.

［2］ BARROS C P, ALVES C. An empirical analysis of productivity growth in a Portuguese retail chain using malmquist productivity index ［J］. Journal of Retailing and consumer services, 2004 (5): 269-278.

［3］ DAVIS F D. Perceived usefulness, perceived ease of use, and user acceptance of information technology ［J］. MIS Quarterly, 1989, 13 (3): 319-340.

［4］ MARION GARAUS, UDO WAGNER, CLAUDIA KUMMER. Cognitive fit, retail shopper confusion, and shopping value: Empirical investigation ［J］. Journal of Business Research, 2015, 68 (5): 1003-1011.

［5］ MICHAEL T HANNAN, JOHN FREEMAN. The population ecology of organizations ［J］. American Journal of Sciology, 1977, 82 (5): 929-964.

［6］ MORENO J. Productivity growth, technical process and efficiency change in Spanish retail trade (1995-2004): A disaggregated sectoral analysis ［J］. The International Review of Retail Distribution and Consumer Research, 2008 (1): 87-103.

［7］ RATCHFORD B. Has the productivity of retail stores really declined ［J］. Journal of Retailing, 2003 （19）: 171-182.

［8］ REECE ALLEN, ERIN PARRISH, NANCY L CASSILL, et al. Competitive analysis of niche product supply chains ［J］. Research Journal of Textile and Apparel, 2008, 12 （3）: 18-29.

［9］ THOMAS R R, BARR R S, CRON W L, et al. Aprocess for evaluating retail store efficiency: Are stricted approach ［J］. International Journal of Research in Marketing, 1998 （15）: 487-503.

［10］ WALTERS R, LAFFY P, SLOCUM J W. A process for evaluating retail store efficiency: A restricted DEA approach ［J］. International Journal of Research in Marketing, 1996 （5）: 487-503.

［11］ WANTAO YU, RAMAKRISHNAN RAMANATHAN. An assessment of operational efficiency of retail firm in china ［J］. Journal of Retailing and Consumer Services, 2009 （5）: 25-36.

［12］ 包小云, 陈东华. "新零售" 变迁视角下无人零售业态及发展趋势 ［J］. 商业经济研究, 2019 （3）: 32-34.

［13］ 卜立言, 姚冰, 李鹤森, 等. 新零售驱动下的超市购物服务系统设计策略研究 ［J］. 包装工程, 2019 （4）: 13-20.

［14］ 蔡小东, 薛晓芳, 张建军. "新零售" 背景下基于扎根理论的商业模式创新路径研究: 以京东商城为例 ［J］. 商业经济研究, 2019 （7）: 59-62.

［15］ 常建娥, 蒋太立. 层次分析法确定权重的研究 ［J］. 武汉理工大学学报, 2007 （1）: 153-156.

［16］ 常玉, 刘显东. 层次分析、模糊评价在企业技术创新能力评估中的应用 ［J］. 科技进步与对策, 2002 （9）: 125-127

［17］ 陈桂龙. 重庆: 新型城镇化实践 ［J］. 中国建设信息化, 2017 （5）: 20-21.

［18］陈慧娟. 新零售模式下电商巨头的线下战略布局：以京东和阿里为例［J］. 商业经济研究，2018（6）：67-69.

［19］陈佳莉. 安徽省零售业竞争力评价研究［D］. 北京：首都经济贸易大学，2019.

［20］陈远高，杨水清. 零售渠道研究综述与展望：基于知识图谱方法［J］. 中国流通经济，2018（11）：3-12.

［21］戴菲，徐燕. 新零售背景下生鲜农产品电商竞争优势、问题及优化策略［J］. 价格月刊，2020（2）：21-25.

［22］狄蓉，焦玥. 新零售背景下零售企业供应链整合创新机制［J］. 系统管理学报，2020（1）：168-174.

［23］狄蓉，曹静，赵袁军. "新零售" 时代零售企业商业模式创新［J］. 企业经济，2020（4）：37-45.

［24］丁俊发. 以零售业为突破口的中国流通变革：关于 "新零售" 的几点看法［J］. 中国流通经济，2017（9）：3-7.

［25］杜睿云，蒋侃. 新零售：内涵、发展动因与关键问题［J］. 价格理论与实践，2017（2）：139-141.

［26］范鹏. 新零售：吹响第四次零售革命的号角［M］. 北京：中国工信出版社，2018.

［27］方颉，杨磊. "新零售" 背景下的生鲜供应链协调［J］. 中国流通经济，2017（7）：55-63.

［28］费盛康. 高层次人才队伍建设的现状、问题及对策［J］. 中国人才，2009（19）：56-57.

［29］符瑞光. 新零售发展背景下的中国零售业变革研究［J］. 价格月刊，2019（4）：73-76.

［30］高焰辉. 腾讯 VS 阿里：新零售之争下的中国零售业未来走向［J］. 对外经贸实务，2018（7）：93-96.

[31] 郭国庆，高菡. 变革营销研究的最新进展及启示 [J]. 当代经济管理，2019 (4)：17-22.

[32] 洪涛."新零售"与电商未来趋势 [J]. 商业经济研究，2017 (8)：52-55.

[33] 侯娜，刘雯雯. 新零售情境下企业动态能力如何影响价值链重构：天使之橙和汇源果汁的双案例研究 [J]. 管理案例研究与评论，2019 (2)：136-151.

[34] 胡建江，许超. 基于流程的企业管理制度体系研究 [J]. 科技创业月刊，2011 (18)：59-61.

[35] 胡健歆，陈喜文. 新零售背景下生鲜业态发展的阻碍及突破：以盒马鲜生与超级物种为例 [J]. 商业经济研究，2020 (5)：108-111.

[36] 胡瑜杰. 新零售背景下农产品流通现代化升级路径探析 [J]. 商业经济研究，2018 (11)：131-133.

[37] 黄炯华，黄文群. 大型新零售企业竞争力评价指标体系构建 [J]. 商业经济研究，2020 (16)：128-131.

[38] 焦斌龙. 人力资源、人力资本和知识资本 [J]. 山西财经大学学报，1999 (4)：3-5.

[39] 焦志伦，刘秉镰. 品类差异下的消费者购物价值与零售业转型升级路径：兼议"新零售"的实践形式 [J]. 商业经济与管理，2019 (7)：5-17.

[40] 金碚. 论企业竞争力的性质 [J]. 中国工业经济，2001 (10)：5-10.

[41] 金福，王前. 人力资源管理研究的新发展：智力资源管理研究 [J]. 中国软科学，2005 (1)：88-93.

[42] 赖红波. 顾客感知差异化视角下设计驱动"新零售"创新的影响机理 [J]. 中国流通经济，2019 (3)：31-39.

［43］兰虹，赵佳伟. 新冠疫情背景下新零售行业发展面临的机遇、挑战与应对策略［J］. 西南金融，2020（7）：3-16.

［44］李陈华. 连锁零售业的经营效率评价和空间差异性研究：基于超效率 DEA-ESDA 的分析［J］. 长春理工大学学报（社会科学版），2014（12）：95-99.

［45］李海峰，等. 中国人力资本测度与指数构建［J］. 经济研究，2010（8）：42-54.

［46］李坚飞，孙梦霞，任理. 新零售服务供应链线下服务质量稳态的动力机制［J］. 系统工程，2018，36（6）：79-89.

［47］李然，王荣. 实体商业创新转型下的"新零售"运营模式深度研究［J］. 管理现代化，2020，40（1）：93-96，120.

［48］李伟春，李伟，郑桂玲. 新零售驱动下全渠道物流支撑体系重构［J］. 商业经济研究，2020（13）：101-104.

［49］李卫东. 企业竞争力评价理论与方法研究［D］. 北京：北京交通大学，2007.

［50］李文光，何志龙，何克抗. 基于创新能力培养的教学设计理论与试验探索［J］. 中国电化教育，2002（10）：12-18.

［51］李玉志，赵炳盛. 互联网金融背景下新零售行业发展战略研究［J］. 商业经济研究，2018（24）：13-15.

［52］梁莹莹. 基于"新零售之轮"理论的中国"新零售"产生与发展研究［J］. 当代经济管理，2017（9）：6-11.

［53］刘润. 新零售［M］. 北京：中信出版社，2018.

［54］刘阳阳. 新零售背景下我国智慧物流的特征、问题及发展路径［J］. 商业经济研究，2019（17）：14-16.

［55］罗凤. 新零售浪潮下供应链管理模式全面转型的探讨与研究［J］. 物流工程与管理，2018（6）：107-108.

[56] 马晨，王东阳. 新零售时代电子商务推动农产品流通体系转型升级的机理研究及实施路径 [J]. 科技管理研究，2019，39（1）：197-204.

[57] 马俊，邓丽明. 协同式供应链中的不确定性及其改进对策 [J]. 商业时代，2009（30）：12-13.

[58] 聂珂. 日本"优衣库"品牌 SPA 的有效性分析：基于新"零售之轮"理论 [J]. 企业经济，2009（5）：55-57.

[59] 乔颖丽，乔娟. 新"零售之轮"理论与生鲜食品零售业态演化 [J]. 财经科学，2005（4）：111-117.

[60] 沈鹏熠，赵文军. 多渠道零售服务质量对在线顾客忠诚意向的影响机制研究：基于中国零售情境的实证分析 [J]. 中央财经大学学报，2020（8）：86-99.

[61] 时应峰，张洪. 新零售智慧门店 OMO 创新模式研究 [J]. 商业经济研究，2018（13）：7-10.

[62] 束虹，谢啸. 基于 DEA 模型的零售业上市公司经营效率研究：以泛长三角地区为例 [J]. 科技和产业，2011（7）：13-15，48.

[63] 宋思根，冯林燕. 顾客双重价值需求与零售营销变革：新经济社会学视角 [J]. 北京工商大学学报（社会科学版），2019（6）：1-11.

[64] 孙大尉，赵启兰，张小蒙. 新零售业态下物流平台运营策略研究 [J]. 北京交通大学学报（社会科学版），2019（3）：138-144.

[65] 孙华，王楠楠，丁荣贵，等. 依托组织核心能力的开放式创新模式选择 [J]. 科研管理，2016（11）：35-42.

[66] 唐甜甜，胡培. 线上线下+物流融合发展的新零售动因与策略 [J]. 价格月刊，2018（8）：90-94.

[67] 汪旭晖，万丛颖. 零售业上市公司生产率增长、技术进步与效率变化：基于 Malmquist 指数的分析 [J]. 经济管理，2009，31（5）：43-47.

［68］王宝义."新零售"的本质、成因及实践动向［J］.中国流通经济，2017（7）：3-11.

［69］王凤霞，陈亚娟，夏爽."新零售"背景下生鲜超市商业模式研究：基于多案例比较［J］.商业经济研究，2018（22）：35-37.

［70］王虹，孙玉玲，石岿然.全渠道零售研究述评与展望［J］.商业经济研究，2018（24）：10-12.

［71］王家宝，黄益俊.新零售的起因、特征、类型与发展趋势［J］.商业经济研究，2018（23）：5-7.

［72］王坤，相峰."新零售"的理论架构与研究范式［J］.中国流通经济，2018（1）：3-11.

［73］王强，刘玉奇.新零售引领的数字化转型与全产业链升级研究：基于多案例的数字化实践［J］.商业经济研究，2019（18）：5-8.

［74］王先庆，雷韶辉.新零售环境下人工智能对消费及购物体验的影响研究：基于商业零售变革和人货场体系重构视角［J］.商业经济研究，2018（17）：5-8.

［75］王正沛，李国鑫.消费体验视角下新零售演化发展逻辑研究［J］.管理学报，2019（3）：333-342.

［76］魏国伟，狄浩林.新零售企业竞争力评价指标体系研究［J］.经济问题，2018（6）：75-80.

［77］翁媛媛.中国经济增长的可持续性研究［D］.上海：上海交通大学，2011.

［78］吴菁.新零售企业竞争力因子的构成、影响程度与评价机制［J］.商业经济研究，2019（23）：123-126.

［79］项英辉，张新卓，周升宇.我国企业人力资源管理信息化的现状和发展对策［J］.辽宁行政学院学报，2008（6）：236-237.

［80］谢泗薪，刘慧娴."新零售"下生鲜冷链物流体系优化攻略［J］.价格月刊，2019（7）：73-81.

［81］谢志华，杨克智，黄国成. 商业企业竞争力的本质与结构［J］. 商业研究，2011（10）：8-11.

［82］邢惠淳. "新零售"背景下生鲜电商商业模式比较分析：以盒马鲜生和每日优鲜为例［J］. 商业经济研究，2019（4）：85-87.

［83］徐峰. 人力资源绩效管理体系构建：胜任力模型视角［J］. 企业经济，2012（1）：68-71.

［84］徐印州，林梨奎. 新零售的产生与演进［J］. 商业经济研究，2017（15）：5-8.

［85］许玉明. 基于重庆改革实践 构建中国新型城镇化新机制［J］. 发展研究，2016（2）：22-26.

［86］许正良，王利政. 企业竞争优势本源的探析：核心竞争力的再认识［J］. 吉林大学社会科学学报，2003（5）：99-106.

［87］杨波. 我国零售业上市公司经营效率评价与分析［J］. 山西财经大学学报，2012（1）：52-61.

［88］杨芳，汪洋. 无人便利店的现状及发展趋势［J］. 管理现代化，2018（1）：63-65.

［89］杨浩磊. "互联网共享经济"时代下新零售商业模式研究［J］. 商业经济研究，2018（3）：27-29.

［90］杨坚争，齐鹏程，王婷婷. "新零售"背景下我国传统零售企业转型升级研究［J］. 当代经济管理，2018（9）：24-31.

［91］杨晓华，郭健全. 新零售下生鲜产品闭环物流网络模糊规划［J］. 计算机工程与应用，2019（2）：198-205.

［92］杨雪星. 我国中小企业创新能力发展研究［D］. 福州：福建师范大学，2013.

［93］叶萌，祝合良，孙鹏. 我国批发和零售企业全要素生产率增长的时序变化和个体差异：基于 DEA-Malmquist 指数法的实证分析［J］. 中国流通经济，2017（11）：112-121.

[94] 叶渊砾，何铭强. 新零售背景下生鲜电商配送发展研究：以"盒马鲜生"为例 [J]. 全国流通经济，2018 (15)：13-15.

[95] 余伟萍，陈维政，任佩瑜. 中国企业核心竞争力要素实证研究 [J]. 社会科学战线，2003 (5)：82-89.

[96] 苑卫卫. 新零售视角下消费者体验影响要素分析 [J]. 商业经济研究，2020 (4)：78-80.

[97] 曾建权. 人力资源管理理论与实务研究 [D]. 天津：天津大学，2003.

[98] 张改清. 新"零售之轮"理论及对我国"农改超"困境的解析 [J]. 经济问题，2006 (8)：6-8.

[99] 张丽娜. 基于 DEA 模型的泛珠三角地区零售业经营效率研究 [J]. 特区经济，2016 (4)：25-29.

[100] 张梦璐，陶亚敏. 新零售时代下实体店环境设计：以小米之家为例 [J]. 经营与管理，2017 (6)：32-34.

[101] 张体勤，刘军，杨明海. 知识型组织的人才集聚效应与集聚战略 [J]. 理论学刊，2005 (6)：70-72.

[102] 张伟. "互联网+"视域下我国农业供给侧结构性改革问题研究 [J]. 甘肃社会科学，2018 (3)：116-122.

[103] 张夏恒，员婉婉，马述忠. 向左或向右："新零售"下销售渠道的选择策略 [J]. 财会月刊，2019 (14)：150-155.

[104] 张咏. 苏宁易购核心竞争力评价与提升研究 [D]. 兰州：兰州理工大学，2020.

[105] 赵曙明. 人力资源管理研究 [M]. 北京：中国人民大学出版社，2001.

[106] 赵树梅，李银清. 5G 时代"新零售"服务的创新发展 [J]. 中国流通经济，2019 (9)：3-14.

[107] 赵树梅，徐晓红. "新零售"的含义、模式及发展路径 [J]. 中国流通经济，2017 (5)：12-20.

[108] 郑其明, 窦亚芹, 郑明轩. "新零售"背景下智慧物流治理策略探讨 [J]. 铁道运输与经济, 2020 (4): 12-17.

[109] 郑艳萍, 新零售下消费者多渠道选择行为的影响因素研究 [J]. 内蒙古财经大学学报, 2020 (1): 39-43.

[110] 中国流通三十人论坛秘书处, 本刊编辑部, 林英泽, 等. 从阿里与百联"联姻"看"新零售"[J]. 中国流通经济, 2017 (3): 124-128.

[111] 周欣燕, 基于技术接受模型的移动电子商务使用意愿实证研究 [D]. 广州: 华南理工大学, 2012.

[112] 周亚. 多属性决策中的 TOPSIS 法研究 [D]. 武汉: 武汉理工大学, 2009.

[113] 朱春霞. 新零售浪潮下零售企业如何提升消费者体验 [J]. 市场研究, 2020 (6): 32-34.

后记

2020 年是新零售概念被提出后的第四年。2016—2020 年，围绕新零售的争论不断，这一时期也是新零售发展最为迅速的四年。我在零售领域进行研究近 20 年，不断跟踪零售业的发展与创新，形成了关于零售发展的一系列研究成果。研究新零售是我的责任和义务。截至 2020 年年底，我讲授"零售学"课程已经 16 年了。每年讲授这门课程的时候，我都能感受到零售业的巨变，尤其是新零售概念被提出来之后的这四年，变化就在分秒间。因此，总结新零售发展的一些问题，解释零售业发生的一些变化，分析新零售这些年来带给消费者的变化，是一项非常重要的工作。这也是本书写作的一个初衷。

本书多维度探讨新零售发展现状、动因、未来趋势，新零售竞争力评价，新零售代表性企业线上线下的经营效率，顾客对新零售的接受度和新零售行业人力资源发展水平等问题，希望能系统研究新零售发展的规律。本书的研究方法有调研、实证、案例和理论分析，希望能从多方面透视新零售的发展模式。本书采用熵权指数和模糊综合评价法，选取典型企业和代表性业态，对新零售业竞争力进行综合评价，并得出相应的结论。本书通过市场调查和结构方程来研究消费者对新零售模式的接受度。研究结果表明，消费者对新零售的接受度较高。新零售是一种趋势，新零售是一个相对问题。零售新时代已经来临。

新零售是零售发展的新时代，是零售发展的新阶段。零售业态、中外零售企业竞争态势、零售与新技术的融合程度、线上线下关系变化、消费者在零售经营过程中的参与程度等多方面都发生了深刻变化。因此，新零售的研究是一项长期工作。本书只是一次初探，我们的团队还会继续对相关领域进行关注与研究，不断推出新的成果。

在本书的写作过程中，重庆工商大学社会学专业研究生郭昊（2019级）、杨森（2020级）深度参与，本科生严志（2018级）、王瑜（2018级）收集资料，共同完成了第三章的初稿撰写，感谢他们为本书撰写做出的贡献。同时，感谢在实践领域大胆尝试的企业家们，他们给我许多启发。感谢在新零售领域展开研究的学者，他们带给我思考的方向。感谢重庆工商大学经济学院王辉博士给予的指导与建议，尤其是重点章节的研究方法王老师给予了关键性的建议。感谢帮助过我的所有朋友和亲人，没有你们的帮助，本书很难完成，在此一并致谢。

杨海丽

2020 年 12 月